Jo-Jo

Lesebuch 4

Erarbeitet von

Katja Eder
Silke Fokken
Tanja Glatz
Manuela Hantschel
Erna Hattendorf
Martin Wörner

Cornelsen

Inhalt

Ich – Du – Wir

Herrn Bremser geht ein Licht auf

Luise, genannt Pünktchen, ist richtig sauer! Ihr Freund Anton kümmert sich tagsüber um seine kranke Mutter und verkauft nachts Schnürsenkel, damit sie überhaupt Geld haben – heimlich natürlich. Kein Wunder, dass Anton immer müde ist und in der Schule nicht ordentlich aufpassen kann.
Und ausgerechnet da will der Lehrer Antons Mutter einen Brief schreiben. Höchste Zeit, dass Herrn Bremser ein Licht aufgeht, findet Pünktchen und macht sich auf den Weg.

IN DER RECHENSTUNDE EINGESCHLAFEN IST ER! UND NUN WOLLEN SIE SEINER MUTTER EINEN BRIEF SCHREIBEN!
STIMMT, DER GEHT HEUTE NOCH AB!
NUN HÖREN SIE MAL ZU!
ANTONS MUTTER IST SEHR KRANK! MAN HAT IHR EINE PFLANZE HERAUSGESCHNITTEN!
UND NUN LIEGT SIE IM BETT UND KANN NICHT ARBEITEN!

DAS WUSSTE ICH NICHT!
SIE KANN AUCH NICHT KOCHEN, ABER IRGENDJEMAND MUSS DOCH KOCHEN! UND WISSEN SIE, WER KOCHT? ANTON KOCHT!
SALZKARTOFFELN MIT SPIEGELEI UND SOLCHE SACHEN, EINFACH GROSSARTIG!
DAS WUSSTE ICH NICHT!
SIE KANN AUCH KEIN GELD VERDIENEN!
ABER IRGENDJEMAND MUSS DOCH GELD VERDIENEN!
UND WISSEN SIE, WER DAS GELD VERDIENT?
ANTON VERDIENT DAS GELD!
DAS WISSEN SIE NICHT, NATÜRLICH! WAS WISSEN SIE ÜBERHAUPT?
HAHAHA

W-WIE VERDIENT ER DENN DAS GELD?
DAS VERRATE ICH NICHT!
ICH KANN IHNEN NUR SO VIEL SAGEN, DASS SICH DER ARME JUNGE TAG UND NACHT ABRACKERT!
ES WUNDERT MICH, DASS ER NICHT WÄHREND DES GANZEN UNTERRICHTS SCHLÄFT!

Text: Erich Kästner
Bilder: Isabel Kreitz

Briefwechsel

Sehr geehrte Frau Meier!
Ihr Sohn Markus
isst während des Unterrichts
und arbeitet nicht mit.

Sehr geehrter Herr Lehrer!
Ihr Schüler Markus Meier
hält sein Zimmer nicht in Ordnung
und böselt während des Fernsehens
Kartoffelchips auf den Teppich.

Gottfried Herold

Marie: „Kann man eigentlich
für etwas bestraft werden,
was man nicht gemacht hat?"
Lehrerin: „Nein, natürlich nicht."
Marie: „Gut, ich hab nämlich
meine Hausaufgaben nicht gemacht."

Wer erzählt die lustigsten Witze?

Lehrer: „Welche vier Wörter werden
in der Schule am häufigsten benutzt?"
Jan: „Das weiß ich nicht."
Lehrer: „Richtig!"

Vorsicht, die Herdmanns

Die Herdmanns – Ralf, Eugenia, Leopold, Klaus, Olli und Hedwig – waren die schlimmsten Kinder aller Zeiten. Sie logen und rauchten Zigarren und steckten Sachen in Brand und schlugen kleine Kinder und fluchten und schwänzten die Schule. Sie kamen nur zum Unterricht, wenn sie wollten, und wenn sie dann da waren, lernten sie nichts. Aber am ersten Schultag waren sie immer da. So wusste man gleich, dass es wieder ein aufregendes Herdmann-Jahr an unserer Schule werden würde.

Die Geschichte mit dem Lehrerzimmer

Wenn die Lehrer nichts Besseres zu tun hatten, verzogen sie sich ins Lehrerzimmer im dritten Stock. Aber niemand sonst durfte dort jemals reingehen.

„Aber was machen sie denn da?“, wollte mein Bruder Charly wissen.

„Sie gehen rein und rauchen Zigaretten und trinken Cola.“ Das sagte Eugenia Herdmann. „Niemand wird reingelassen, der nicht das Passwort kennt. Und sie haben jeden Tag ein neues. Einmal war es ‚Makkaroni mit Käse‘.“

„Hast du es ausprobiert?“, fragte Charly. „Bist du reingekommen?“

„Ich möchte gar nicht rein.“ Eugenia verpasste ihm einen düsteren Herdmann-Blick. „Wenn ein Kind diesen Raum betritt, lassen sie es nie wieder raus. Erinnerst du dich an Lukas Weber? Hast du ihn in letzter Zeit gesehen?“

„Nein, der hat ja auch Mumps.“

„Glaubst du. Lukas wurde im Lehrerzimmer gefangen genommen.“

S. 166 Textwerkstatt

Ich denke, das ging sogar Charly zu weit. Dieses Mal glaubte Eugenia niemand. „Warte nur, bis Lukas wieder da ist!“, sagten die Kinder.

Aber Lukas kam nicht wieder. Merkwürdig war es schon. Ich war nicht die Einzige, die über die Sache nachdachte. Und ich war auch nicht die Einzige, die sich Gründe überlegte, das Lehrerzimmer lieber zu meiden. Mit einem Mal waren Kinder nicht mehr in der Lage, Treppen zu steigen. Alice Wendlaken hatte angeblich einen verknacksten Zeh. Nur Leonie Grothe sagte einfach die Wahrheit:

„Ich glaube nicht, dass Eugenia Herdmann recht hat. Und ich glaube nicht, dass Kinder einfach im Lehrerzimmer verschwinden. Aber vielleicht stimmt es ja auch alles doch, und ich habe keine Lust, das auszuprobieren.“

Dann wurden zwei Lehrer und eine Oberschulrätin und Frau Wendlaken, Alices Mutter, versehentlich im Lehrerzimmer eingesperrt.

Anderthalb Stunden waren sie da drinnen, schlugen gegen die Tür, schrien und warfen sogar Sachen aus dem Fenster. Aber niemand sah oder hörte sie, weil sich keiner mehr in der Nähe des Lehrerzimmers aufhielt.

Und ausgerechnet Eugenia Herdmann war diejenige, die sie am Ende befreite.

Sie sagte, sie habe erst dagestanden und überlegt, was sie tun solle. Als Frau Wendlaken das hörte, bekam sie einen Anfall.

„Was sie tun soll!“, kreischte sie. „Natürlich uns rauslassen!“

„Aber es ist das Lehrerzimmer“, sagte Eugenia und guckte erschrocken. „Wir dürfen nicht ins Lehrerzimmer.“

„Aber du darfst Leute aus dem Lehrerzimmer rauslassen!“, schrie Frau Wendlaken. Und dann wurde die Oberschulrätin sauer auf Frau Wendlaken.

„Dieses Kind hat uns alle gerettet“, sagte sie. „Und wir sollten ihm dankbar sein.“

Die ganze Geschichte kam in die Zeitung.

„Außer Lukas Weber“, sagte Charly. „Über Lukas Weber wurde nichts geschrieben.“ Unsere Mutter wunderte sich: „Warum, bitte schön, sollte Lukas Weber im Lehrerzimmer sein? Die ganze Familie ist doch nach Toledo umgezogen.“

Aber Eugenia sagte später zu Alice: „Warum glaubst du, habe ich die Tür aufgemacht? Um die Lehrer rauszulassen? Ich habe Lukas rausgelassen.“

Barbara Robinson

⊙ Hör-CD – Hör genau:
Wer sitzt im Lehrerzimmer fest?

Rücksicht auf Langschläfer

Früh aufstehen? Für viele ist das kein Problem, sie hüpfen nur so aus den Federn. Andere dagegen quälen sich richtig aus dem Bett. In Dänemark wollten einige solcher Morgenmuffel das nicht mehr mitmachen. Sie setzten sich zusammen mit anderen Langschläfern dafür ein, dass sie erst deutlich später zur Arbeit kommen dürfen. Mit Erfolg. Sogar eine Schule machte bei der Sache mit. Sie richtete eine Klasse extra für Langschläfer ein. Unterrichtsbeginn: 12 Uhr 30.

Pfeifen als Schulfach

Finger in den Mund, Zunge runterdrücken – und pusten! Wie man richtig pfeift, lernen Kinder auf der spanischen Insel La Gomera in der Schule. Pfeifen ist hier ein richtiges Unterrichtsfach. Denn auf der Insel gibt es eine besondere Pfeifsprache, die von den Bewohnern vor einigen hundert Jahren entwickelt wurde. So konnten sie sich in der bergigen Landschaft auch über weite Entfernungen verständigen. Damals gab es ja noch kein Telefon. Heute soll die Pfeifsprache nicht aussterben.

Textwerkstatt S. 176

Wie merkt sich unser Gehirn Dinge?

Wissenschaftler haben herausgefunden, dass unser Gehirn in mehreren Schritten arbeitet. Neuigkeiten von Augen oder Ohren werden gleich ans Kurzzeitgedächtnis geschickt. Das heißt so, weil es Informationen nur ein paar Sekunden bis Minuten speichert. Oft reicht das vollkommen aus: etwa um einen Satz niederzuschreiben, den euch der Lehrer diktiert hat. Oder um sich eine Telefonnummer zu merken. Seht euch mal kurz die Zahl 3-9-1-8-1-3-7 an.
Und jetzt wiederholt ihr sie. Das ist kein Problem, oder?

Nach ein paar Augenblicken verblassen Wörter und Zahlen im Kurzzeitgedächtnis. Aber natürlich gibt es Sachen, die wir uns länger merken müssen. Deshalb werden sie an das Langzeitgedächtnis weitergeleitet. Das kann Wörter, Bilder, Gerüche oder Töne jahrelang speichern. Allerdings hat es einen strengen Wächter: das limbische System. Dieser Hirnbereich überprüft jede Neuigkeit genauestens. Ist sie wichtig? Oder wenigstens witzig? Viele Nachrichten wirft das System einfach weg. Andere lässt es durch, besonders solche, bei denen ihr starke Gefühle verspürt.

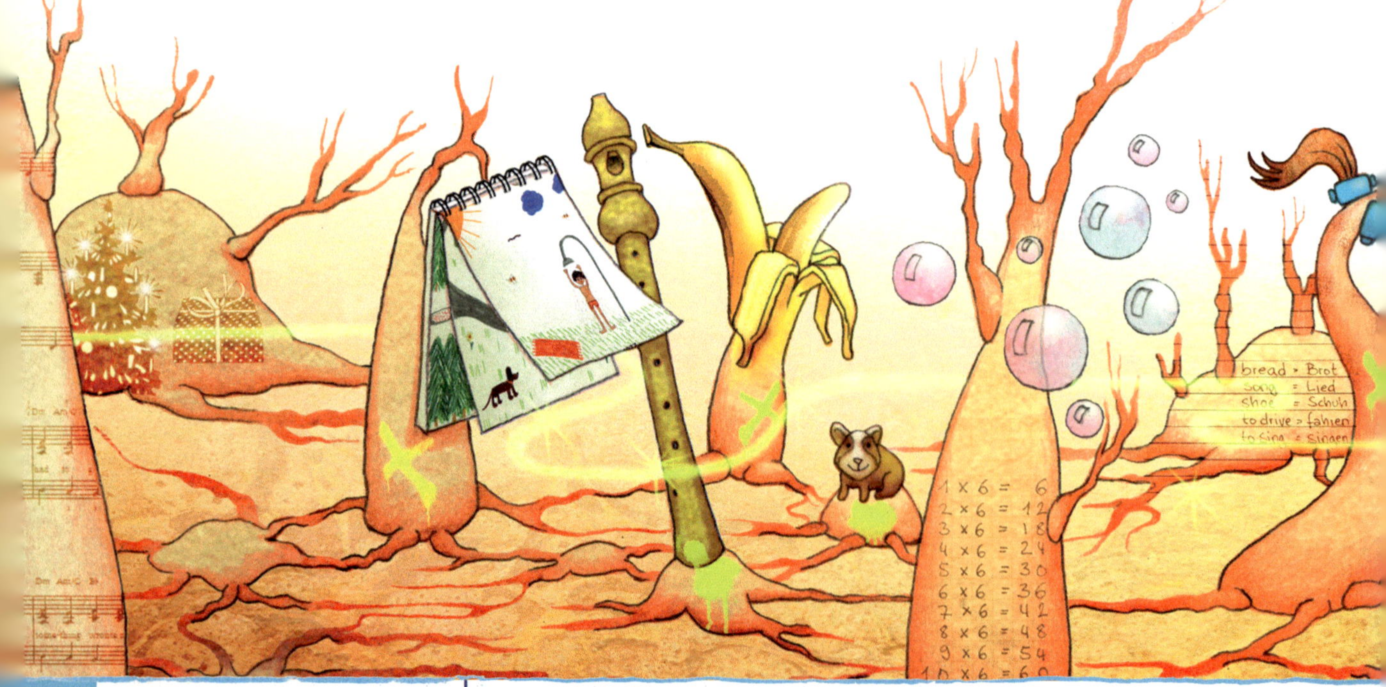

Bei Dingen, die Spaß machen, läuft unser Oberstübchen zur Höchstform auf.

Was uns nicht interessiert, ist für unser Gedächtnis hingegen ein harter Brocken. Erinnert ihr euch noch an die Nummer, die ihr gerade gelesen habt? 3...?

Die ist jetzt wahrscheinlich weg, stimmt's? Denn die fand euer limbisches System öde, und deshalb hat es sich geweigert, sie ins Langzeitgedächtnis zu lassen.

Wie wir uns Dinge lange merken

Wie das Langzeitgedächtnis arbeitet, wissen Forscher bis heute nicht genau. Fest steht: Das limbische System schickt wichtige Nachrichten an verschiedene Stellen der Großhirnrinde.

Die Großhirnrinde ist der schlaueste Teil unseres Gehirns und ähnelt einem Dschungel. Sie besteht aus vielen Milliarden Nervenzellen, die miteinander verwoben sind. Durch diesen Urwald sausen die Gedanken von einer Zelle zur nächsten. Dabei hinterlässt jeder Gedanke eine eigene Spur im Gehirn – fast wie Abenteurer, die sich durch den Dschungel schlagen. Diese Spur kann das Gehirn später wiederfinden. Dann erinnern wir uns zum Beispiel an Namen und Bilder.

Stefan Greschik

Geschichte von der Denkmaschine

„Was machst du denn so in der Schule?“, fragte Onkel Titus. Henriette sagte: „Ich denke.“ „Ich verstehe“, sagte Onkel Titus. „Es ist doch zu dumm, dass wir Menschen eine so schwierige Arbeit wie das Denken ganz alleine verrichten müssen. Für jede schwierige Arbeit gibt es eine Maschine. Es gibt eine Waschmaschine zum Waschen, eine Backmaschine zum Backen und eine Kreissäge zum Holzzersägen. Nur eine Denkmaschine zum Denken gibt es noch nicht. Und die will ich jetzt also erfinden.“ Sie standen auf und gingen in der Wohnung herum und sahen, ob sie etwas entdeckten, was sie zu einer Denkmaschine umbauen konnten. In einer Ecke stand Henriettes Nähmaschine. Onkel Titus fragte: „Brauchst du nötiger eine Nähmaschine oder eine Denkmaschine?“ „Ich brauche keine Nähmaschine“, entschied Henriette, „weil ich nie nähe.“

Onkel Titus nahm seinen Schraubenzieher, machte ein paar Schrauben und Spiralen ab und gab sie Henriette zu halten. Henriette steckte sie in den Mund, dort bewahrte sie manches auf.

Nun öffnete sich die Tür und Frau Philipp guckte herein und fragte: „Was basteln Sie denn jetzt wieder Komisches?“ „Eine Denkmaschine“, sagte Onkel Titus. „Unsinn“, sagte Frau Philipp, „eine Maschine kann doch nicht denken.“

Wer schafft's, den roten Text zu lesen? Wer liest die Geschichte ganz?

„Gewiss", sagte Onkel Titus, und er befestigte Henriettes Federhalter dort, wo bisher die Nähnadel gesteckt hatte. „Gewiss kann sie das, vorausgesetzt, dass sie gut geölt ist. Was ist denn der menschliche Kopf anderes als eine sehr verwickelte Maschine mit Hebeln, Schrauben und Spiralen?" – In dem Augenblick nahm Henriette die Schrauben und Spiralen, die sie im Mund hatte, heraus, um sie Onkel Titus zu reichen.
„Passen Sie auf!", rief Frau Philipp aufgeregt. „Sie nimmt ihren Kopf auseinander." Und sie lief voll Angst fort und kommt in der Geschichte nun nicht mehr vor.

Onkel Titus schob ein Blatt Papier in die Maschine, und Henriette musste sich hinsetzen und sie mit den Füßen bewegen. Die Maschine war wirklich ungeheuer klug. Sie beantwortete schriftlich jede Frage. Sie konnte: Der Schutzmann ist ein Organ zur Ordnung des Verkehrs, und: Der Löwe brüllt vor Sehnsucht nach der Wüste, und 5 und 5 ist 70, aber Onkel Titus sagte, die 7 sei eine 1, und es liege nur an der schlechten Handschrift.

Henriette nähte nun alle Schularbeiten auf der Maschine. In kurzer Zeit wurde sie klüger als alle Lehrer und die meisten Schüler. Wenn einem die Arbeit aber zu leichtfällt, wird man oft faul. Und so kam es, dass Henriette faul wurde und nie daran dachte, die Denkmaschine zu schmieren und zu ölen, wie ihr das Onkel Titus eingeschärft hatte.

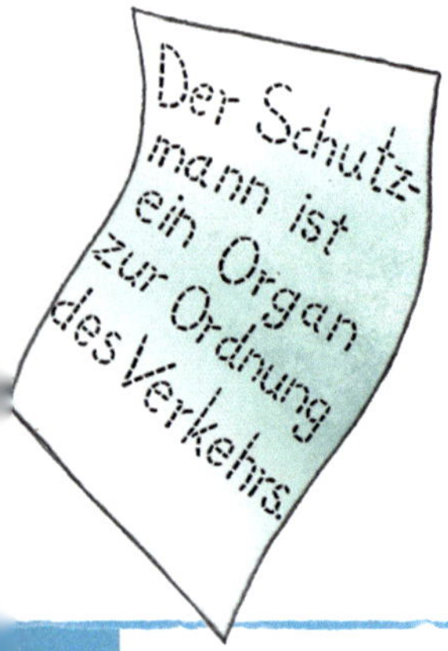

Da wurde Onkel Titus ärgerlich, und er sagte eines Tages: „Wenn du die Maschine nicht ölen willst, sollst du sie auch nicht mehr benutzen. Überhaupt sind eure Schulaufgaben so einfach, dass man gar keine Denkmaschine braucht, um sie zu lösen.“

„Du hast bestimmt recht", sagte Henriette und zog ein Heft aus ihrer Schultasche.
„Habt ihr wieder etwas auf?", fragte Onkel Titus.
Henriette gab ihm das Heft, und er sah es an und las:
Was sagte König Artus, als ihm seine Frau Ginevra vor der Schlacht die eiserne Rüstung anzog?
Onkel Titus kratzte sich am Kopf.
„Das ist eine sehr schwierige Frage", sagte er.
„Und was sagte er?", fragte Henriette.
„Vielleicht: hurra, hurra, hurra!", sagte Onkel Titus.
Aber Henriette machte ein unzufriedenes Gesicht.
„Ich werde diese Frage der Denkmaschine übergeben."

„Ich habe heute eine Unterhaltung mit meinem Klassenlehrer gehabt", erzählte Henriette nach einiger Zeit.
„Ach", sagte Onkel Titus, „was sagt er denn?"
„Du bist die erste Schülerin", berichtete Henriette, „die es gewagt hat, mir solch eine unverschämte Arbeit vorzulegen."
„Ach du meine Güte!", rief Onkel Titus. „Was hast du denn nur den König Artus sagen lassen, als seine Frau ihm die eiserne Rüstung anzog?"
„Keine Ahnung", sagte Henriette.
„Wieso keine Ahnung?", fragte Onkel Titus.
„Ja", sagte Henriette, „die Maschine hat es doch gemacht."
Da sahen sie beide nach, was die Maschine geschrieben hatte. Da hatte die Maschine geschrieben:
„Das nächste Mal öl mich besser, dummes Stück!"

nach Peter Hacks

Herbst

Herr von Ribbeck auf Ribbeck im Havelland

Herr von Ribbeck auf Ribbeck im Havelland,
Ein Birnbaum in seinem Garten stand,
Und kam die goldene Herbsteszeit
Und die Birnen leuchteten weit und breit,
Da stopfte, wenn's Mittag vom Turme scholl,
Der von Ribbeck sich beide Taschen voll,
Und kam in Pantinen ein Junge daher,
So rief er: „Junge, wiste 'ne Beer?"
Und kam ein Mädel, so rief er: „Lütt Dirn,
Kumm man röver, ick hebb 'ne Birn."

So ging es viele Jahre, bis lobesam
Der von Ribbeck auf Ribbeck zu sterben kam.
Er fühlte sein Ende. 's war Herbsteszeit,
Wieder lachten die Birnen weit und breit,
Da sagte von Ribbeck: „Ich scheide nun ab.
Legt mir eine Birne mit ins Grab."
Und drei Tage drauf, aus dem Doppeldachhaus,
Trugen von Ribbeck sie hinaus,
Alle Bauern und Büdner, mit Feiergesicht,
Sangen „Jesus meine Zuversicht",
Und die Kinder klagten, das Herze schwer,
„He is dod nu. Wer giwt uns nu 'ne Beer?"

S. 178 S. 186 Textwerkstatt

So klagten die Kinder. Das war nicht recht,
Ach, sie kannten den alten Ribbeck schlecht,
Der *neue* freilich, der knausert und spart,
Hält Park und Birnbaum strenge verwahrt,
Aber der *alte*, vorahnend schon
Und voll Misstraun gegen den eigenen Sohn,
Der wusste genau, was damals er tat,
Als um eine Birn ins Grab er bat,
Und im dritten Jahr, aus dem stillen Haus,
Ein Birnbaumsprössling sprosst heraus.

Und die Jahre gehen wohl auf und ab,
Längst wölbt sich ein Birnbaum über dem Grab,
Und in der goldenen Herbsteszeit
Leuchtet's wieder weit und breit.
Und kommt ein Jung übern Kirchhof her,
So flüstert's im Baume: „Wiste 'ne Beer?"
Und kommt ein Mädel, so flüstert's: „Lütt Dirn,
Kumm man röwer, ick gew di 'ne Birn."

So spendet Segen noch immer die Hand
Des von Ribbeck auf Ribbeck im Havelland.

Text: Theodor Fontane
Bilder: Sabine Wilharm

⊙ Hör-CD – Hör genau:
Herr von Ribbeck ist auch ein Rap.

Bück dich, Mann!

Der Herr Pastor hatte in seinem Garten einen Birnbaum, der hing voll schöner reifer Früchte, die am Montag abgenommen werden sollen. Als nun der geistliche Herr am Sonntag früh einen Gang durch sein Gärtlein machen will, um noch ein wenig an der Predigt zu lernen, sieh an, da hat jemand über Nacht an den Birnen Gefallen gefunden; der Baum ist abgepflückt bis auf eine einzige Birne. Da hatte es nun mit dem Lernen der Predigt seine Schwierigkeit, aber der Pfarrer steckt die letzte Birne in die Tasche und begibt sich zur Kirche. Als er nun auf dem Predigtstuhl steht, hält er eine schöne Ansprache, die seiner Gemeinde so recht erbaulich zu Herzen geht. Auf einmal kommt er aber auf den Diebstahl zu sprechen, nimmt die Birne in die Hand und ruft: „Wehe dem, der heute Nacht meinen Birnbaum geplündert hat, der Spitzbube, ich kenne ihn genau! Dem werfe ich jetzt die Birne an den Kopf!" Als der Pfarrherr nun mit dem Arm ausholt, da ruft eine Frau aus der andächtigen Menge ihrem Manne halblaut zu: „Bück' dich, Mann, er wirft!"

Volksschwank

Herbstgedicht

Ich schreibe dir ein Herbstgedicht
von überreifen Birnen.
Um Äpfel, Zwetschgen geht es nicht:
Dies ist ein reines Birngedicht,
so tief im Laub und gelb im Licht,
so schwer, dass hier die Zeile bricht.

Jürg Schubiger

Drittes Rätsel

Vier Freunde drehen am Rad der Welt.
Auch wenn es den Mächtigen wenig gefällt.
Obwohl sich die Freunde prächtig verstehn,
sah niemand sie jemals beisammenstehn.
Sie schaffen gemeinsam und Hand in Hand,
wenn man sie nur lässt, viel fruchtbares Land.

Den Dritten beschreibe ich dir geschwind,
rätst du ihn, schenkt er dir Drachenwind.

Verschwenderisch wirft er mit Farben und Nüssen.
Den Bäumen raubt er mit heftigen Küssen
den Schmuck und die Kleider. Er liebt die Kunst,
formt aus Wolken Gestalten, spinnt aus Wasser Dunst,
mit dem er abends die Wiesen bedeckt
und manchmal Autofahrer erschreckt.

Karlhans Frank

Wie heißt der Freund?

Die Geschichte vom Hamster

Einmal hat ein Hamster ein Feld mit vielen guten Körnern gefunden. Er hat sich die Backentaschen vollgestopft und hat die Körner in seiner Vorratskammer ausgespuckt. So ist er zehnmal hin- und hergelaufen, dann war die Vorratskammer voll, und der Hamster war müde. Aber er hat gedacht: „Eine Vorratskammer voll Körner ist gut, aber zwei sind besser." Schnell hat er eine neue Vorratskammer gegraben und ist wieder hin- und hergelaufen und hat Körner herangeschleppt. Dann war auch die andere Vorratskammer voll, und der Hamster war so müde, dass er kaum noch laufen konnte. Aber er hat gedacht: „Zwei Vorratskammern mit Körnern sind sehr gut, aber drei sind bestimmt noch besser!" Er hat also wieder eine Vorratskammer gegraben und noch mehr und noch mehr Körner geholt. Als dann die dritte Vorratskammer voll war, haben immer noch viele Körner auf dem Feld gelegen. Der Hamster wollte sie alle haben. Jetzt konnte er aber nicht mehr graben, er war zu müde. Er hat die letzten Körner einfach in seine Schlafkammer getragen. Aber auf einmal war es Winter, und alle Hamster sind in ihren Bau gekrochen und haben geschlafen. Nur der eine Hamster konnte nicht schlafen. Bis zum Hals hat er in seinen Körnern gesessen!

Ursula Wölfel

Novemberwetter

Klitsch, klitsch, klatsch,
der Hund fällt in den Matsch.
Die Gretel, die am Wege sitzt,
die heult, denn sie ist vollgespritzt.
Klitsch, klitsch, klatsch,
das ist Novembermatsch.

Klick, klick, kleck,
der Pudel tollt im Dreck.
Und als der Pudel kommt nach Haus,
da sieht er wie ein Igel aus.
Klick, klick, kleck,
das ist Novemberdreck.

Plim, plim, plam,
wir waten durch den Schlamm.
Die Damen rufen: Ih und huh!
Die Herren tragen Gummischuh.
Plim, plim, plam,
das ist Novemberschlamm.

James Krüss

Esskastanien rösten

Zutaten:

- Esskastanien (Maronen)
- Salz

Zubereitung:

- Backofen auf 220 Grad vorheizen.
- Kastanien mit einem feuchten Lappen reinigen.
- Mit einem Küchenmesser ein X in jede Kastanie schneiden. Achtung: Ohne einen Einschnitt können die Kastanien im Backofen explodieren! Das X lässt den entstehenden Dampf heraus.
- Backblech mit Backpapier auslegen.
- Kastanien mit dem X nach oben auf das Backblech legen.
- Ungefähr 20 Minuten im Backofen rösten. Die Kastanien sind gar, wenn sie leicht zu schälen sind.
- Nach Geschmack mit etwas Salz würzen.

Textwerkstatt S. 184

Die sprechende Kastanie

Ein alter Mann lebte ganz allein in einem kleinen Haus. Er hieß Pietro, und seine Frau war schon lange tot. Kinder hatte er keine, und die meisten seiner gleichaltrigen Freunde waren gestorben.

Am liebsten sprach er von früher, aber niemand hörte ihm zu. Die meisten Leute saßen lieber vor dem Fernseher und schauten sich Kriege, Überschwemmungen und Vulkanausbrüche an. Aber ob der neue Pfarrer damals ins Dorf gekommen war, bevor der Schäfer Oreste gestorben war, oder erst danach, interessierte niemanden.

Einmal im Herbst hatte Pietro Kastanien gesammelt und wollte sie auf dem Kaminfeuer rösten. Bevor er sie in die Röstpfanne legte, schnitt er eine um die andere auf.

„Halt!“, rief da eine Kastanie, die er in die Hand nahm. „Schneid mich nicht auf, ich kann sprechen!“ Verwundert ließ Pietro sein Messer sinken und legte die Kastanie vor sich auf den Tisch. „Du kannst sprechen?“, fragte er. „Ja“, sagte die Kastanie, „und ich weiß auch viele Geschichten von früher.“ „So, so“, sagte der alte Mann, „dann weißt du vielleicht, dass der Hirtenhund des dicken Oreste einmal in den Bach gefallen ist.“ „Sicher“, sagte die Kastanie, „Oreste fuchtelte mit den Händen und sprang fast selbst in den Bach.“

„Aber was ich mich schon lang gefragt habe“, sagte Pietro, „warum ist er eigentlich in den Bach gefallen?“

„Er war hinter der Katze von Tante Amadea her, die hatte aus seinem Trog gefressen."

„Richtig!", rief Pietro und musste lachen. „Wie konnte ich das nur vergessen, diese Katze war doch das frechste Vieh im ganzen Dorf!"

„Ja", sagte die Kastanie und kicherte, „bei Orestes Leichenmahl hat sie dem Pfarrer die Forelle vom Teller gefressen."

„Ach ja", sagte Pietro, „aber sag mal, war das der alte oder der neue Pfarrer?"

„Aber Pietro", sagte die Kastanie, „der alte natürlich, der neue kam doch erst nachher ins Dorf."

„Eben", sagte Pietro, „eben, ich hab's ja gewusst. Der neue Pfarrer kam erst nachher."

Dann fragte er die Kastanie noch bis tief in die Nacht hinein nach Geschichten, die im Dorf passiert waren, und sie konnte ihm alle ganz genau erzählen und wusste auch manches, an das er sich nicht mehr erinnerte.

Als ihn die Nachbarin, die ihm immer die Milch brachte, am nächsten Morgen fand, hatte er den Kopf auf den Tisch gelegt, sein Ohr ganz nahe bei einer Kastanie, und er sah sehr zufrieden aus.

Franz Hohler

Kennst du jemanden, der gern von früher erzählt?

Natur entdecken: Pflanzen

Der wunderbare Baum

Vor langer Zeit schlossen sich die großen und die kleinen Tiere zusammen und lebten alle miteinander.
Als eines Tages der Regen ausblieb, vertrocknete der Boden und der Hunger zog ins Land. Die Tiere hatten nicht mehr genug zu essen.
Zum Glück fanden sie einen großen Baum, der trotz der Dürre wunderbare Früchte trug. Sie schienen reif und dufteten herrlich, aber sie fielen einfach nicht herunter. Alle rüttelten und schüttelten, doch der Baum gab seine Früchte nicht her.
Die versammelten Tiere wurden immer hungriger.
„Wie kommen wir nur an diese Früchte heran?", rätselten sie.
„Ich habe eine Idee", meinte schließlich die Häsin.
„Warum fragen wir nicht die weise Schildkröte? Sie hat vielleicht einen Rat."
„Wunderbar! Tolle Idee! Das machen wir!", stimmten die anderen zu.

Die Häsin bot an, sich gleich auf den Weg zur Schildkröte zu machen. Damit waren die größeren Tiere nun aber ganz und gar nicht einverstanden: „Du bist zu klein. Du könntest dir den Rat der weisen Schildkröte ja doch nicht merken. Überlass das mal uns Großen.“
Der Elefant und der Büffel wurden dazu bestimmt, die Schildkröte aufzusuchen.
Als die zwei bei der Schildkröte ankamen, grüßten sie höflich und fragten: „Schildkröte, wir alle sind sehr hungrig. Da ist dieser Baum mit wunderbaren Früchten, aber sie fallen einfach nicht herunter. Weißt du vielleicht, wie wir sie ernten können?“
„Ach, den Baum kenne ich“, antwortete die Schildkröte. „Der gibt seine Früchte nur her, wenn man ihn bei seinem Namen ruft. Ich sehe, ihr seid hungrig. Also, hör gut zu, Elefant, du bist groß und alt genug, du kannst dir das merken: Ntungulu Mengenye. So heißt der Baum.“

Märchen aus Tansania
Nacherzählung und Bilder: John Kilaka

Das Geheimnis der Bäume

Die Gond leben in den Urwäldern Zentralindiens. Sie schätzen die Bäume sehr und glauben, dass diese tagsüber für die Menschen arbeiten, ihnen Schatten, Schutz und Nahrung spenden, und dass sie nachts von guten Geistern beseelt sind.

Eine Freundschaft fürs Leben

Im dichtesten Urwald stehen die Mahalainbäume und umarmen sich innig. Sie sind stark und ihre Rinde lässt sich gut biegen und binden. Schon vor langer Zeit suchten die Gond den Mahalain tief im Wald, denn sie bauten sich ihre Häuser daraus. Ein gut gebautes Haus aus der Rinde des Mahalain hält hundert Jahre – so wird es gesagt. Stark wie der Mahalain ist auch die Freundschaft zwischen den Gond und den Bäumen.

S. 176 Textwerkstatt

Die Hauben der Schlangen

Der Nagphanibaum sieht so aus, als könnte er beißen. Auf seinen Ästen sitzen Dornen wie Zähne und seine Blätter gleichen der Haube einer Schlange. Stärke und Heilkraft sind seine Eigenschaften. Stöcke aus Nagphaniholz sind stark wie Eisen.
Hat ein Ochse entzündete Augen, hilft ein bisschen Saft des Nagphani mit Wasser vermischt. Schnell und sanft ist die Heilung.

Der Baum und der Mensch

Als Shankar Bhagan, der mächtige Schöpfergott, den ersten Menschen erschuf, gab es auf der Erde keine Bäume und keine Blätter. Der Mensch fragte:
„Herr, was soll ich essen? Wie soll ich leben?"
Da zupfte sich der Gott drei Haare aus und formte aus ihnen drei prächtige Bäume.

Text: Gita Wolf und Sirish Rao
Bilder: Bhajju Shyam, Durga Bai und Ram Singh Urveti

Der Wald gehört Pulang Gana

In den alten Zeiten bedeckte der Wald das ganze Land, es gab keinen Anfang und kein Ende. Der Wald war überall. Zu dieser Zeit lebten sieben Brüder. Sie wollten ein kleines Stück Wald abholzen, um dort Früchte anzubauen. Sie nahmen ihre Äxte und schufen eine kleine Lichtung. Sie arbeiteten den ganzen Tag und schliefen am Abend erschöpft ein.

Am nächsten Morgen trauten sie ihren Augen nicht, die Lichtung war verschwunden! Vor ihnen wuchs ein undurchdringlicher Dschungel, grüner und dichter als tags zuvor. Wieder machten sie sich an die Arbeit, bis sie bei einbrechender Dunkelheit erschöpft einschliefen.

Doch am Morgen erwartete sie das gleiche Bild. Die Lichtung war verschwunden. Die Brüder waren verwirrt. Aber sie wollten nicht aufgeben und machten sich wieder an die Arbeit. In dieser Nacht blieben sie wach und setzten sich an den Rand ihrer Lichtung. Schon bald sahen sie einen Geist. Er ging von Baum zu Baum, berührte jede Liane, jeden Farn und erweckte alle zu neuem Leben. Vor den Augen der Brüder verwandelte sich die Lichtung wieder in einen dichten Dschungel. Wütend sprangen sie auf, um gegen den Geist zu kämpfen. Doch der sprach: „Bleibt stehen, ich bin Pulang Gana. Hört mich an! Dieser Wald mit allem, was in ihm wächst, gehört mir. Alles, was sich hinter dem Wald befindet bis zum fernsten Horizont, die ganze Erde gehört mir. Kein lebendes Wesen darf ohne meine Erlaubnis auch nur einen kleinen Teil dieser Welt für sich nutzen. Wer etwas benötigt, muss mir ein Geschenk bringen. Gefällt es mir, werde ich ihm etwas Land leihen."

Legende aus Borneo

Klimaanlage Regenwald

Die tropischen Regenwälder in Afrika, Asien, Australien und vor allem der Amazonas-Regenwald in Südamerika sind extrem wichtig für das Klima auf der Welt. Regenwaldbäume filtern Giftstoffe aus der Luft und geben saubere Luft zurück. Außerdem ist der grüne Regenwaldgürtel so etwas wie die Klimaanlage für die Welt: Wenn die Sonne auf den Regenwald scheint, verdunstet Wasser. Es entsteht Wasserdampf. Daraus bilden sich Wolken, die es an einer anderen Stelle regnen lassen und dort für Kühlung und Pflanzenwachstum sorgen. Wenn Regenwald abgeholzt oder verbrannt wird, verlieren viele Tiere und Pflanzen für immer ihr Zuhause. Außerdem wird die Klimaanlage der Welt kleiner und damit die Erde insgesamt heißer und trockener. Auf Dauer wird es schwieriger, für immer mehr Menschen genügend Essen zu produzieren.

Florian Sailer

Jeden Tag verschwindet ein Stück Regenwald

Stell dir 35 Fußballfelder nebeneinander vor. So groß ist die Fläche, die in jeder Minute zerstört wird.

„Noch"

Noch eine Autobahn,
noch eine Forststraße,
noch ein Flughafen,
noch ein Bergwerk,
noch ein Kraftwerk,
noch *ein* Baum.

Martin Auer

2½ Jungs retten ihren Baum

Tom und Theo haben einen Freundschaftsbaum. Als sie erfahren, dass er gefällt werden soll, bringt ihre Freundin Lulu sie auf eine Idee. Gemeinsam schmieden sie einen Baumrettungsplan. Weil sie beide zu tun haben, wenn die Baumfäller kommen, wird Theos kleiner Bruder Ralf eingespannt …

„Hey", sagt Tom. „Soll ich dir zeigen, wie man auf den Baum kommt?"

Ralf starrt ihn an, als wäre er Weihnachtsmann und Osterhase in einer Person. Dann watschelt er zielstrebig los. Toms Blick fällt auf ein Springseil, das im Gras liegt. Er hebt es auf.

„Was willst du damit?" Ralf zeigt auf das Seil.

„Das wird dein Sicherheitsgurt", antwortet Tom. „Ich heb dich rauf. Du musst dich nur festhalten! Ich komm dann nach und binde dich fest."

Gehorsam streckt Ralf seine Arme aus. Tom packt ihn am Rückenteil seiner Latzhose und hebt ihn hoch. Ralf greift den unteren Ast und klammert sich daran fest. Er schiebt seine Hacken über den Ast und hangelt sich hinauf.

„Spitze, Kleiner!", lobt Tom ihn.

„Achtung! Jetzt kommt Onkel Tom!" Er nimmt Anlauf und erklimmt den benachbarten Ast. Genau über Ralfs Kopf ist ein weiterer Ast. Tom wirft das Springseil darüber. Er zieht ein Ende des Seils durch die breiten Träger der Hose und macht einen Dreifachknoten.

„Das hält garantiert!" Tom ruckelt am Seil und prüft den Knoten.

„Das sind Hosenträgergurte! Nur Bergsteiger und Rennfahrer tragen die. Pass auf. Wenn jemand kommt, den du kennst, machst du keinen Mucks. Wenn aber fremde Männer kommen und eine große Säge auspacken, dann schlägst du Alarm, klar? Dann darfst du so laut brüllen, wie du kannst!"

Tom trabt los, zurück zum Gemüsebeet von Herrn Juls. Er macht sich wieder an die Arbeit und fragt sich, ob Ralf noch auf dem Ast sitzt oder vielleicht schon an seinen Hosenträgern baumelt. Gerade als er versucht, sich auf die kommenden Ereignisse vorzubereiten, überschlagen sich die Dinge plötzlich.

„Tom!", hört er die Stimme seiner Mutter. „Wo steckst du?" Gleichzeitig vernimmt er das Brummen eines Dieselmotors. „Uäääääh!", kommt es von der Eiche. Tom lässt den Spaten fallen und läuft los.

Ralf sitzt auf seinem Ast und schreit. Neben der Eiche steht ein Transporter. Er trägt eine verschnörkelte Aufschrift: „Baumschule und Gartenbaubetrieb Rosenhain – für Sie im Einsatz!" Im Führerhaus sitzen zwei Männer in grünen Latzhosen. Sie starren Ralf an und halten sich die Ohren zu. Ein dritter Mann steht unter der Eiche. Er trägt große Ohrenschützer und in der rechten Hand eine Motorsäge.

Von links nähern sich zwei Personen. „Hallo", sagt Tom. „Mama, Papa. Was macht ihr denn hier?" Sein Vater ist sehr von dem brüllenden Alien in der Eiche fasziniert. „Was macht Theos Bruder in diesem Baum?", fragt er. Der Mann mit der Motorsäge kommt langsam auf sie zu. „Tach", sagt er. „Weiß jemand, wem das Kind gehört?"

„Ich hab die Verantwortung!" Mutig tritt Tom vor. „Ich pass auf Theos Bruder auf. Wehe, Sie tun ihm oder dem Baum was!" Zwei Fahrräder kommen auf sie zugeschossen. „Hände weg von unserem Baum!", schreit Lulu und klingelt wie verrückt. „Tom, halte durch! Wir kommen!", ruft Theo.

Hinter ihnen taucht der rote Kleinwagen von Ralfs und Theos Mutter auf. „Mama!“, ruft Ralf fröhlich und breitet die Arme aus. „Guck mal, was ich kann!“

In Sekundenbruchteilen rutscht der kleine Außerirdische vom Ast. Er hängt in seinem Hosenträgergurt und schwingt ein paar Mal hin und her.

„Der Baum ist besetzt!“, verkündet Tom. „Wir lassen nicht zu, dass er gefällt wird!“

„Ralf!“ Frau Lind steht unter der Eiche und ringt die Hände. „Um Himmels willen!“

„Hallo, Mama!“ Ralf kichert. „Cool, was?“

„Ich hol ihn dann mal runter, nicht?“, schlägt Tom vor. Theo und Lulu nicken.

Tom klettert auf den Baum und löst den Knoten des Seils. Ganz sanft gleitet Ralf in die Arme der Baumfäller, von wo aus er seine Mutter umarmt und begeistert ruft: „Das war klasse!“

Alle lachen. Aber dann wird's ernst. „Können wir jetzt an die Arbeit?“ Der Typ mit der Motorsäge drängelt sich nach vorn.

„Sie haben doch nicht vor, diesen herrlichen Baum zu fällen?“, fragt Toms Mutter.

Die Baumfäller machen verdutzte Gesichter.

„Nun mal sachte“, sagt der eine. „Von Fällen ist überhaupt nicht die Rede!“

„Ach?“, faucht Lulu. „Und warum haben Sie die Bäume am Nordhang gefällt?“

„Borkenkäfer“, antwortet der Oberbaumpfleger. „War nix mehr zu machen.“

„Aber dieser Baum ist kerngesund!“, sagt Toms Vater. „Ich lasse nicht zu, dass Sie einen gesunden Baum fällen!“

„Aber wer sagt denn was von Fällen?“, stöhnt der Oberbaumpfleger. „Wir sollen nur die alten Zweige kappen!“ Seine Kollegen nicken.

„Baumschnitt nennt man das“, sagt der eine.

„Tut überhaupt nicht weh“, ergänzt der andere und zwinkert den Freunden zu.

Dagmar Hoßfeld

⊙ Hör-CD – Hör genau:
Was ist der Rettungsplan?

Baumschädlinge

	Fichtenrüsselkäfer (Großer Brauner Rüsselkäfer)	Buchdrucker (Borkenkäferart)	Rosskastanien-Miniermotte
Wie sieht der Schädling aus?	• schwarz-braun, gelb gefleckt • „Rüssel“ mit Mundwerkzeugen zum Fressen • Körperlänge: 8 bis 14 Millimeter	• dunkelbraun • behaart • walzenförmiger Körper • Größe: 5 Millimeter	• kleiner Falter • hellbraun-weiß gestreift • Flügellänge: 3 Millimeter
Welche Bäume befällt er?	Fichte, Lärche, Douglasie, Kiefer	Fichte	Rosskastanie
Was tut er?	• Ausgewachsene Käfer fressen die Rinde von jungen Nadelbäumen.	• Weibchen legen die Eier in der Bastschicht unter der Rinde ab. • Larven schlüpfen und fressen Gänge in die Bastschicht.	• Weibchen legen Eier auf die Oberseite der Blätter. • Larven schlüpfen und fressen kreisförmige Gänge in die Blätter.
Welche Folgen hat das?	Bei starker Schädigung stirbt der Baum ab.	Die Leitbündel für den Wasser- und Nährstofftransport werden beschädigt. Der Baum stirbt ab.	Die Blätter werden braun und fallen schon im Sommer ab. Der Baum wird geschwächt.
www.fragfinn.de „Baumschädlinge“		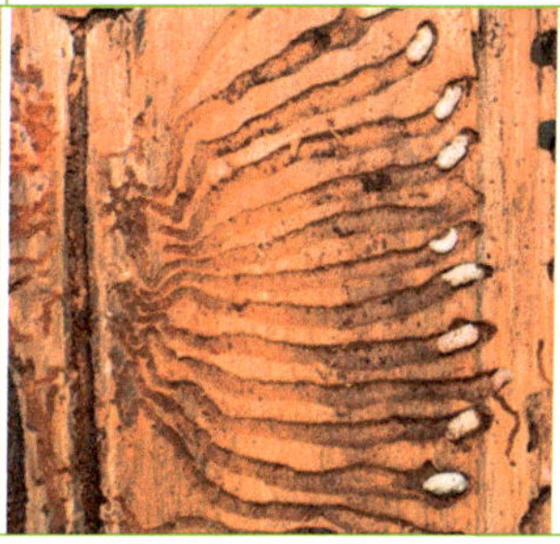	

Im Dunkeln

Nachts

Fons ist hellwach. „Ich will in die Nacht“, denkt er. Aber allein traut er sich nicht. Papa muss mit. Aber Papa ist sehr verschlafen. „Was willst du in der Nacht? Nachts wird geschlafen! Die Hasen schlafen, der Gemüsemann schläft, die Frösche schlafen, der Storch schläft zum Glück auch. Alle deine Freunde schlafen, und ich würde auch lieber weiterschlafen.

Es ist dunkel, man sieht die Hand vor Augen nicht. Es ist überhaupt nichts los in der Nacht. Sogar die Fliegen schlafen lieber, weil sie sich im Dunkeln so leicht verfliegen. Die Indianer schlafen. Die Cowboys also auch. Ja, natürlich, die Fledermäuse sind unterwegs. Und der Müllmann und Frau von Asten. Naja, die nicht – die strickt bestimmt wieder Socken. Aber alle andern schlafen. Es ist einfach nur dunkel. Sonst nichts."

Text und Bilder: Wolf Erlbruch

Mitten in der Nacht

Keine Ahnung, wo ich bin.
Nichts als Dunkel um mich her.
Wie im Bauch von einem Fisch
meilentief im Schwarzen Meer.

Lebt noch jemand außer mir?
Oder bin ich ganz allein!
Diese Stille. Dieses Dunkel.
Gleich beginne ich zu schrein.

Da entdeck ich in der Schwärze
einen schmalen Strich aus Licht.
Das ist meine Zimmertüre!
Alles klar, ich schreie nicht.

Paul Maar

Ein Ast knackt leise
unter den Füßen knirscht Kies
im nachtschwarzen Park

Hado

Gehst du tags die Straße lang,

bist du nicht alleine.
Denn dein Schatten folgt dir stumm
über Stock und Steine.
Das weiß jeder. Doch was macht
so ein Schatten in der Nacht?

Nun, im Schutz der Dunkelheit
nutzt er seine freie Zeit
und trifft an verschwieg'nen Orten
andre Schatten aller Sorten.
Menschen-, Tier- und Vogelschatten,
die am Tag zu schweigen hatten,
schwatzen nun in trauter Runde,
bis das Licht der Morgenstunde
alle zwingt zurückzukehren –
womit wir beim Thema wären:
Zwar hab ich es nie gesehn,
doch man sagt, es sei geschehn,
dass ganz pflichtvergess'ne Schatten
keine Lust zur Rückkehr hatten.
Solche Schatten – wird berichtet –
hab' man überall gesichtet.
Statt bei ihrem Herrn zu bleiben,
würden sie nun Unfug treiben.
Ja, sie dienten fremden Herrn,
grad als ob's die eignen wär'n.
Doch! Das hört man in der Tat.
Vielleicht ist's wahr. Daher mein Rat:

Gehst du die Straße lang,
und es folgt dir einer,
schau dir mal den Schatten an.
Ist es wirklich deiner?

Robert Gernhardt

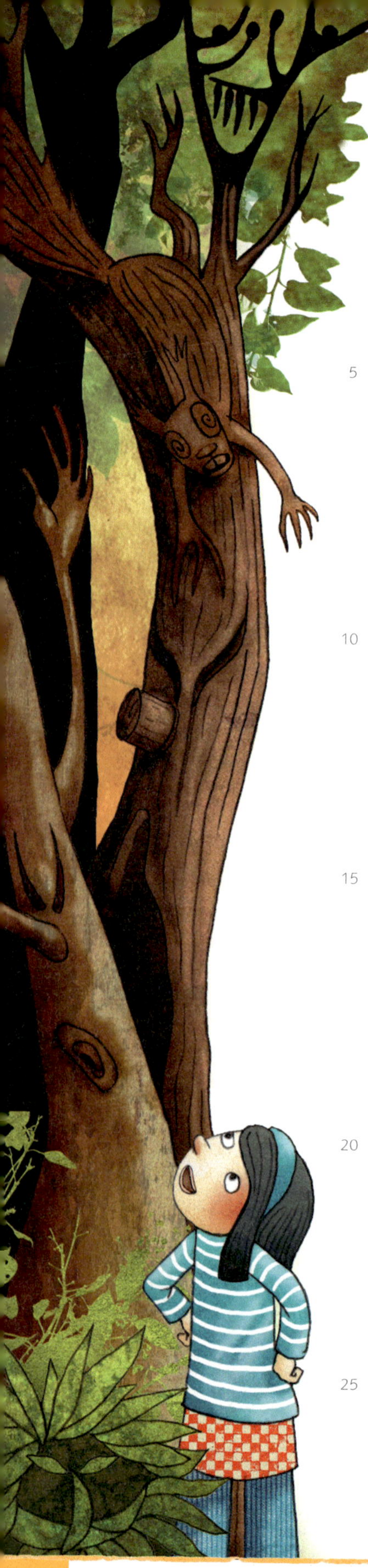

Zarah

Es waren einmal vier Freundinnen und eine Freundin dazu. Anke, Berit, Cordula, Dorothea und Zarah. „Heute gehen wir in den Wald“, sagte Dorothea. „Oder hast du etwa Angst, Zarah?“, fragte Anke. „Kommst du mit oder nicht?“, wollte Dorothea wissen. Und Zarah sagte: „Ich komme mit!“

Der Wald war ein düsterer Ort mit uralten Bäumen. Kaum waren sie hundert Meter gegangen, flitzte etwas Kleines an ihnen vorbei. „Hast du das gesehen, Zarah?“, fragte Anke und zeigte nach oben. „Das war der gefürchtete Baumtroll Ogill, der hat Krallen bis hierhin und Haare bis dahin und sein Hintern ist genau dort, wo sein Kopf sein sollte, und sein Kopf, wo sein Hintern sein sollte.“ Die Freundinnen machten *Ihh* und *Ähh*, und Zarah schaute in die Bäume und machte überrascht *Ach*.

Sie kamen an eine Brücke, unter der ein modriger Bach verlief. Aus dem Schlamm schaute eine Kröte hervor. „Oho, jetzt ist es vorbei“, sagte Berit, „hast du das gesehen, Zarah, da im Bach, diese komischen Augen? Die gehören dem Schlammfresser Feggel. Feggel hat hier zwei Augen und dann noch mal zehn Augen, die alle auf seiner Zunge drauf sind, und wenn er seine Zunge rausstreckt und dich ansieht, dann bist du verloren.“ Die Freundinnen rannten kichernd über die Brücke, nur Zarah schaute auf den Bach und das Wasser hinunter und machte *Ach*.

S. 168 S. 186 S. 187 Textwerkstatt

Dorothea wollte weitergehen, als direkt vor ihr ein kleiner Hügel entstand. Dunkle Erde stieg auf, dann guckte kurz ein Kopf heraus, schaute blind von links nach rechts und verschwand erschrocken, als die vier Freundinnen anfingen zu kreischen. „Puh, das ist ja noch einmal gut gegangen, Zarah“, sagte Cordula danach und drückte sich die Hand aufs Herz, „da hast du aber Glück gehabt, dass wir bei dir waren, wer weiß, wohin dich der Erdteufel Lappowick verschleppt hätte. Wenn der Erdteufel riecht, dass jemand über ihm läuft, dann SCHIESST er aus der Erde und SCHNAPPT dich.“ Zarah trat näher an das Erdloch heran und berührte es mit ihrem Schuh. „Jetzt ist er weg“, sagte Dorothea und trat mit beiden Füßen in den Erdhaufen, „jetzt brauchst du keine Angst mehr zu haben, Zarah.“ Die vier Freundinnen machten den Erdhaufen platt, und Zarah stand daneben und wunderte sich.

Ganz schleichend brach die Dämmerung herein. Die Schatten im Wald wurden länger und dichter. Von jedem Baum und jedem Gebüsch, aus jedem Erdloch und sogar von den Grashalmen kam ein Knacken und Rascheln. „Was für ein Glück, dass du hier nicht alleine bist“, sagte Dorothea zu Zarah und rückte mit ihren Freundinnen zusammen, „denn wenn man hier alleine ist, dann ist man verloren und …“

Dorothea verstummte, selbst der Wald verstummte für einen Moment. Die Freundinnen hielten die Luft an, dann erklang ein Meckern, und vier Schafe liefen hintereinander über den Weg. Erst als die Schafe weg waren, atmeten sie wieder aus, und Dorothea sprach flüsternd weiter: „… das da eben war der gefährliche Lindwurm Raskoff. Er hat fünf Köpfe und zwanzig Beine und schleicht durch die Wälder und frisst alles, was auch nur atmet. Und wenn wir nicht gewesen wären, dann hätte dich der Lindwurm bestimmt gefressen.“ „Ach“, sagte Zarah und schaute neugierig den Schafen hinterher.

Etwas regte sich in den Baumkronen, dann wischte ein Schatten durch die Luft, und ein schrilles Fiepen war zu hören. Zarah schaute hoch. Eine der Fledermäuse flog so nahe an ihrer Nase vorbei, dass Zarah niesen musste. „Oh, arme Zarah, jetzt ist es um dich geschehen“, sagte Dorothea. „Die blutrünstige Vampirin Kattinka ist hinter dir her und will dich leer saugen“, zischte Cordula. „Sie hat zwei nadelscharfe Zähne im Mund und ganz feine Ohren, die auf tausend Meter jeden Herzschlag hören“, drohte Berit. Zarah schaute hoch und wollte eben *Ach* sagen, als eine Fledermaus Kurs auf Dorotheas Kopf nahm. Die vier Freundinnen rannten wie wild davon. Sie rannten und rannten.

Zarah blieb allein im Wald zurück. Sie spazierte aus dem Wald heraus und erreichte ihr Zuhause spät in der Nacht. Aber das machte nichts, denn überall brannten Lichter in den Fenstern. Zarah wusste, dass immer jemand da war, wenn sie nach Hause kam.

Zarah trat durch die Tür. Von der Decke hing der Lindwurm Raskoff. Seine fünf Köpfe drehten sich und er kraulte ihr zur Begrüßung mit seinen Krallen den Rücken.

„Hallo, Zarah", sagte er.

Am Grammofon stand der Erdteufel Lappowick und lauschte einer Platte. Er bleckte seine spitzen Zähne und ließ seine goldene Zunge sehen.

„Hallo, Zarah", sagte er.

Der Schlammfresser Feggel ließ für Zarah ein dampfendes Bad ein.

„Hallihallo, Zarah", sagte er.

Vor dem Kamin hockte der Baumtroll Ogill und hatte ein feines Feuer entfacht, damit Zarah sich wärmen konnte.

„Hallo, Zarah", sagte er.

Im selben Moment kam die Vampirin Kattinka aus der Küche geflogen.

„Wo bist du nur gewesen?", fragte sie.

„Ich war mit meinen Freundinnen im Wald", antwortete Zarah und zog sich die Schuhe aus.

Zoran Drvenkar

Wer treibt sich im Wald herum?

Die Fledermaus

Wenn stumm das Dunkel überfließt,
als Schatten durch das Zwielicht schießt
die Fledermaus um Haus und Busch,
ein flinker, geisterloser Husch.

Die Eule

Die Eule wacht in tiefer Nacht,
mit großen Augen gibt sie Acht,
hört jedes Wispern, noch so leis,
und weiß gar viel, was ich nicht weiß.

Der Maulwurf

Der Maulwurf, schwärzer als die Nacht,
ist wie aus lauter Samt gemacht.
In dunkler Erde ist sein Reich.
Wie's droben ausschaut, ihm ist's gleich.

Josef Guggenmos

S. 185 Textwerkstatt

Supersinne

Wir Menschen und viele andere Lebewesen sind tagaktiv. Das Sonnenlicht macht uns meist munter. Bei nachtaktiven Tieren ist es genau umgekehrt: Wenn die Nacht hereinbricht, kommen sie aus ihren Verstecken.

Nachtaktive Tiere sind mit besonders leistungsfähigen Sinnesorganen ausgestattet. Ihre Augen sind größer. Außerdem verfügt ihre Netzhaut über eine riesige Anzahl lichtempfindlicher Sinneszellen. Zusätzlich sind die Augen manchmal mit einer Art Spiegelschicht ausgestattet. Sie wirft das eingefallene Licht zurück, sodass die Sehzellen es mehrfach verwerten können. Solche Augen leuchten auf, wenn man sie nachts anstrahlt.

Vor allem Nagetiere verfügen über äußerst feine Nasen. Denn Gerüche verraten auch bei Dunkelheit, wo Nahrung und attraktive Partner zu finden sind, und warnen vor Gefahren.

Nachtfalter orientieren sich am Magnetfeld der Erde. Und manche Tiere erzeugen ihr eigenes Licht: Biolumineszenz nennt man dieses Leuchten durch chemische Prozesse – zum Beispiel bei Glühwürmchen.

Um in der Nacht nach warmblütiger Beute zu jagen, haben einige Schlangen und Fledermausarten einen sehr feinen Thermosinn entwickelt. Sie nehmen also die Körperwärme anderer Lebewesen wahr.

Jens Poschadel und Antje Möller

Textwerkstatt S. 168

Gelb schmeckt nach Senf

Für Thomas schmeckt die Farbe Gelb nach Senf,
und sie ist so weich wie der Flaum von Küken.
Die Farbe Rot ist so süß wie eine Erdbeere und
so saftig wie die Wassermelone, und sie tut weh,
wenn sie aus seinem abgeschürften Knie quillt.
Die Farbe Braun raschelt unter seinen Füßen, wenn
die Blätter vertrocknet sind. Manchmal duftet sie nach
Schokolade, und manchmal riecht sie sehr schlecht.
Thomas sagt, dass Blau die Farbe des Himmels ist,
wenn die Sonne seinen Kopf wärmt. Aber der Himmel
wird weiß, wenn die Wolken beschließen, ihn zuzudecken,
und es zu regnen beginnt.
Wasser allein ist für Thomas nichts Besonderes.
Es hat weder Farbe noch Geschmack noch Geruch.
Er sagt, dass die Farbe Grün nach frisch gemähtem Gras
duftet und nach Pfefferminzeis schmeckt.
Schwarz ist die Königin der Farben. Sie ist so weich
wie Seide, wenn seine Mama ihn umarmt und
mit ihren Haaren umhüllt. Thomas mag alle Farben,
weil er sie hören, riechen, fühlen und schmecken kann.

Menena Cottin

S. 178 Textwerkstatt

Im Dunkeln bin ich der Experte

Für Michael Pruy ist es immer dunkel. Obwohl er blind ist, ist er auch allein unterwegs. Er überquert Straßen oder fährt U-Bahn – und das alles völlig sicher. Wie er das schafft, erzählt er hier:

„Eigentlich nehmen Menschen ihre Umgebung zum größten Teil über die Augen wahr, über das Sehen. Wenn sie das nicht mehr können, gleichen sie es weitgehend über ihre anderen Sinne aus, über das Riechen, Schmecken, Tasten und Hören. Der Geruch von Pizza deutet zum Beispiel auf eine Pizzeria hin. Oder man fühlt mit dem Langstock (auch Blindenstock genannt), wenn sich der Untergrund ändert: von Stein auf Gras oder Holz. Welcher Sinn für einen blinden Menschen besonders wichtig wird, ist verschieden. Jeder hat eine andere Stärke. Ich bin zum Beispiel ein Hörspezialist. Ich nutze dabei die gleiche Technik, die auch Fledermäuse verwenden. Wenn ich laufe, mache ich Geräusche mit meinem Stock und höre an dem Echo, um was für einen Raum es sich handelt. Ich kann hören, ob ein Zimmer eher klein oder groß ist. Ob eine Mauer zu Ende geht, an der ich entlanggehe, und ob ich auf eine Wand zulaufe. Ich taste mich mit dem Taststock vor, damit ich nicht dagegen pralle. So gut hören kann nicht jeder. Aber ein bisschen kann man das trainieren, wie ein Sportler. Ich arbeite in der Ausstellung, in der Besucher durch aufgebaute Landschaften spazieren, wie eine Stadt oder einen Wald – und zwar völlig im Dunkeln. Blinde Menschen wie ich führen sie durch die Räume, und so entsteht ein Rollentausch. Im Dunkeln bin ich der Experte. Die blinden Menschen helfen denen, die sehen können, statt umgekehrt.“

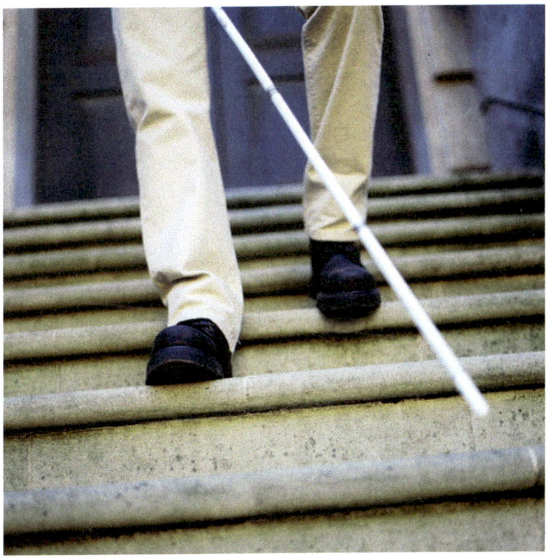

Wie orientieren sich Fledermäuse?

Warum die Schildbürger das Licht einfingen

Hier steht es, das Prachtgebäude von Rathaus! Selten zuvor hatten die Schildbürger so kräftig gemeinsam zugepackt. Kaum zuvor war in Schilda ein Werk so schnell vollendet worden. Doch kaum hatte man das Innere des Rathauses zur Besichtigung freigegeben, da entstand Unruhe. Es wurde nach Fackeln gerufen, und bald später standen ein paar Herren im Rathaus und zerbrachen sich die Köpfe:

„Ich stelle nach längerem Nachdenken fest, in unserem Rathaus ist es ziemlich dunkel“, sprach der Schultheiß* Adalwin.

„Ich gebe dir recht“, sagte Alwis. „Auch ich kann wenig Helligkeit entdecken.“

„Woran mag das liegen?“, fragte Humbert, der Wirt.

„Es könnte Nacht sein“, bemerkte Adalwin.

„Oder eine Sonnenfinsternis“, ergänzte Alwis.

„Aber draußen ist es noch Tag“, sagte Humbert.

„Vielleicht ist es draußen Tag und hier drinnen Nacht“, gab der Weise zu bedenken.

„Das kann ich mir nicht vorstellen“, widersprach der Schultheiß. „Dann käme kein Licht durch das Rathaustor.“

„Das ist vielleicht noch vom Tag übrig geblieben“, sagte Humbert.

„Die Fenster fehlen!“, stellte Justinianus fest.

Nun wurde ausführlich diskutiert, was man mit dem fensterlosen Rathaus anfangen solle.

* Schultheiß: Bürgermeister

S. 186 Textwerkstatt

Während der Rede war dem Wirt eine Idee gekommen. „Ich fange Licht, um das Rathaus zu erhellen", erklärte er mit schweißnasser Stirn.

„Ich auch! Ich auch!", schrie der Schweinehirt begeistert. Und umgehend war er mit einem großen Sack unterwegs, um möglichst viel Licht auf einmal einzusacken. Groß und Klein, Jung und Alt waren unterwegs, um Licht zu fangen. Kein Fingerhut, kein Eierbecher war zu klein, kein Korb und kein Fass war groß genug, um nicht als Lichtfangbehälter zu dienen. Dann und wann standen ein paar Männer ganz außer Atem im Rathaus und wunderten sich, dass es immer noch so dunkel war.

„Unser Rathaus ist was Großes", meinte der Friseur, „Das Licht hingegen ist was Klitzekleines. Da braucht man eben Unmengen."

„Genau!", unterstützte ihn der Schultheiß. „Nicht verzagen, weiter nach Licht und Sonne jagen!"

„Und immer das Tor fest verschließen!", riet Bertwin. „Sonst fliegt das Licht nämlich wieder raus!"

Dirk Walbrecker

Winter

Wo die Kälte herkommt

Ganz weit oben in Nordgrönland sitzt auf einem Eisberg die Kältehummel. Sie ist zwanzigtausend Kilo schwer und möchte gerne fliegen. Ihre Flügel sind aber viel zu schwach. Trotzdem lässt sie sie dauernd auf und ab schwirren, weil sie hofft, es gelinge ihr eines Tages doch noch. Dadurch bewegt sie die eiskalte Luft so stark, dass diese bis zu uns kommt.

S. 168 Textwerkstatt

Den ganzen Winter lang übt die Kältehummel,
bis sie im Frühling erschöpft einschläft. Zum Glück,
denn sonst hätten wir keinen Sommer.

Im Sommer schläft die Kältehummel und träumt, sie könne fliegen.
Ein Schläuling, der nicht gerne fror, schickte ihr einmal ein Paket
voll Schlaftabletten, weil er hoffte, sie schlafe dann auch im Winter.
Aber der Briefträger war ein Eisbär, und der war so neugierig,
dass er das Paket aufmachte und alle Tabletten selber schluckte.

Seither wird in Nordgrönland keine Post mehr ausgetragen,
denn der Eisbär schläft noch heute, und weil er der Einzige ist,
der weiß, wo die Kältehummel wohnt, kann niemand sagen,
wie es ihr jetzt geht, doch solang es jedes Jahr Winter wird,
können wir annehmen, dass sie noch lebt.

Text: Jürg Schubiger und Franz Hohler
Bilder: Jutta Bauer

Die Kälte

Nasreddin betrat an einem Wintertag mit seinem Freund Mehmet eine Teestube.

Mehmet ging durch die Tür, Nasreddin folgte ihm und wollte sich zu seinem Freund an den Tisch setzen.

„Nasreddin! Du hast die Tür offen gelassen!", rief Mehmet.

„Na und?", fragte Nasreddin. „Ist das so schlimm, dass du gleich schreien musst?"

„Ja! Es ist kalt draußen!", rief Mehmet.

„Und wenn ich die Tür zumache, ist es dann weniger kalt draußen?", fragte Nasreddin.

Paul Maar

Winterrätsel

Ich falle vom Himmel
in wirrem Gewimmel.
Ich schimmre
und flimmre
und decke das Land
zahllos wie Sand.

Doch unversehens
im Sonnenschein
schleich ich
und weich ich
und schlüpf ins Dunkel
der Erde hinein.

Friedrich Wilhelm Güll

S. 183 Textwerkstatt

Viertes Rätsel

Vier Freunde drehen das Rad dieser Welt.
Man kann sie nicht kaufen. Sie kosten kein Geld.
Sie nehmen das Leben und geben's zurück,
wenn man sie nur lässt, bescheren sie Glück.
Doch wer sie nicht achtet und wer sie verlacht,
dem zeigen sie ihre Kraft und Macht.

Den Vierten will ich dir nun beschreiben,
rätst du ihn, schenkt er dir Wasserscheiben.

Er kommt langsam, geht langsam über den Berg.
Er liebt Sterne und Kerzen und Feuerwerk.
Lang ist sein Nachthemd, sein Bart weiß und spitz.
Ein strenger Herr Doktor. Doch mag er auch Witz;
drei Tage zieht er die Pappnase an
und macht jeden verschnupft, der nicht lachen kann.

Karlhans Frank

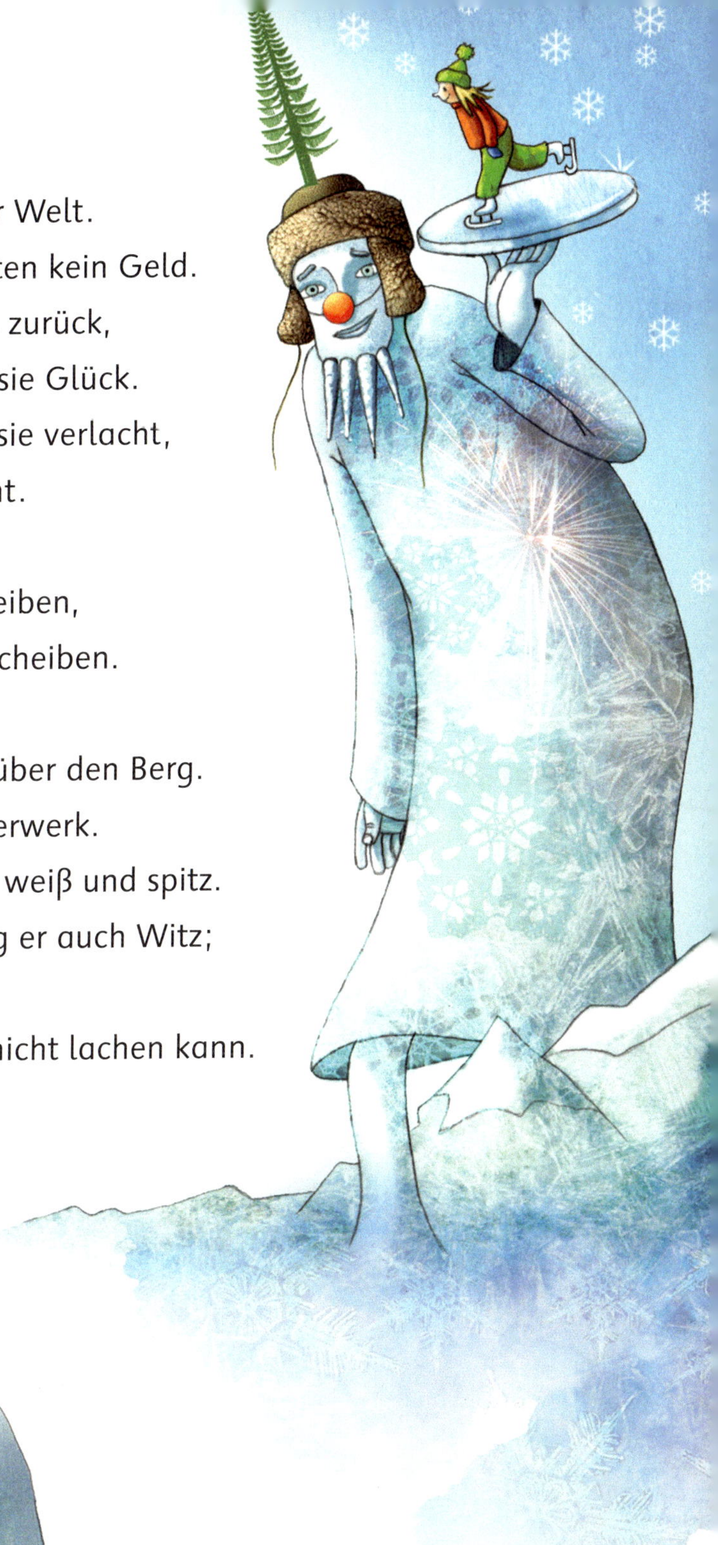

Was bringt dieser Freund?

Augen aus Kohlen
blicken wehmütig – so scheint's –
auf glitzernden Schnee

Hado

Die Herbergssuche

Erzähler/in: Fünf Türen waren in der Nacht
in Bethlehem fest zugemacht.
Maria und Josef stapfen heran
und klopfen an der ersten an.

Josef: Ihr lieben Leute, lasst uns ein!

1. Wirt: Nein, nein, ich lass euch nicht herein!
Bei uns ist kein Bett frei mehr heut,
drum geht nur fort, ihr Wandersleut.

Erzähler/in: Josef nun, der arme Mann,
klopft an der zweiten Türe an.

2. Wirt: Hier schläft schon alles, Mensch und Tier,
nein, nein, ich öffne nicht die Tür.

Erzähler/in: Der Josef nun, der arme Mann,
klopft an der dritten Türe an.

3. Wirt: Nein, nein, ihr tut uns wirklich leid,
mein Haus ist voll, es geht nicht heut.

Erzähler/in: Der Josef nun, der arme Mann,
klopft an der vierten Türe an.

1. Wirtin: Wer kommt so spät noch an mein Haus?
Sind's Diebe, werf ich sie hinaus.

4. Wirt:
Ihr habt kein Geld, o, wärt ihr reich,
dann hätt ich einen Platz für euch.
Nein, nein, das könnt ihr mir nicht verdenken,
ich kann doch nicht alles den Armen schenken!

Erzähler/in:
Der Josef nun, der arme Mann,
klopft an der letzten Türe an.

5. Wirt:
Guten Abend, wo kommt ihr her so spät?
So kalt der scharfe Wüstenwind weht.

Josef:
O, macht uns bitte auf das Tor,
wir Armen stehn so müd davor.

Maria:
Der Weg war weit, der Weg war schwer,
die Füße tragen mich nicht mehr.

Josef:
Wir kommen her aus fremdem Land,
wir zogen durch den Wüstensand.
Wir brauchen Schutz vor Nacht und Wind,
seht – für die Frau und für das Kind.

2. Wirtin:
Ach, leider ist übervoll mein Haus,
ich zeig euch den Weg zum Stall hinaus.
Dort seid ihr geschützt vor Regen und Wind,
dort haben es warm die Frau und das Kind.

Der Ochse und Esel stehen auch dabei,
es gibt genug Stroh und weiches Heu.
Ich geb euch noch Decken und Felle mit,
nun folget mir mit eiligem Schritt.

Barbara Cratzius

Weihnachtszeit in Mexiko

Neun Tage vor Heiligabend beginnen in Mexiko die vorweihnachtlichen Feiern, die „Las Posadas“. Sie stellen die Suche Marias und Josefs nach einer Herberge dar. Die letzte Posada wird deshalb am 24. Dezember gefeiert.

Ein als Engel verkleidetes Kind, gefolgt von zwei Kindern, die eine kleine Sänfte mit den Figuren von Maria und Josef tragen, führt den Zug an. Die Häuser, an denen sie vorbeiziehen, sind mit bunten Girlanden geschmückt. Gruppen von Mädchen und Jungen mit Kerzen oder Papierlaternen in den Händen folgen den Kindern, und auch Erwachsene schließen sich dem Zug an. Das Ende bilden einige Musikanten.

Die Prozession zieht zu einem vorher ausgesuchten Haus und bittet dort um Einlass für die Heilige Familie. Nach anfänglichem Zögern werden die erschöpften Reisenden willkommen geheißen und mit dem traditionellen „aguinaldo“, einer Tasse Kaffee und einem Stück Brot, bewirtet.

Am Heiligen Abend versammelt sich die ganze Gemeinde um Mitternacht vor der Kirche, wo Freudenfeuer und Feuerwerkskörper abgebrannt werden. Nach der Messe beginnt vor der Krippe das Geburtstagsfest für das Jesuskind. Höhepunkt sind dabei die „Piñatas“, bunte, aus Pappmaschee hergestellte Figuren, die mit Süßigkeiten gefüllt sind und an einer Schnur von der Decke herabgelassen werden. Werden sie von den Kindern mit einem Stock zerschlagen, regnet es Süßigkeiten auf sie herab.

Pit Budde und Josephine Kronfli

Ihre Geschenke erhalten die mexikanischen Kinder am 6. Januar, dem „Dia de los Santos Reyes“, dem „Tag der Heiligen Drei Könige“.

S. 168 S. 178 Textwerkstatt

Piñata basteln

Du brauchst:

1 Luftballon, Zeitungspapier, Tapetenkleister, Schere, Klebstoff, Krepppapier in verschiedenen Farben, Paketband, Nüsse, kleine Süßigkeiten

So geht es:

1. Den Luftballon aufpusten und verknoten.
2. Das Zeitungspapier in Schnipsel reißen und den Kleister anrühren.

3. Die Schnipsel in den Kleister tauchen und in 5 Schichten auf den Ballon kleben. Zwei Tage trocknen lassen.
4. Den Knoten des Ballons abschneiden. Den Luftballon durch die Öffnung herausziehen.

5. Das Krepppapier in Streifen schneiden. Fransen in die Streifen schneiden.
6. Die Streifen in bunten Reihen auf die Piñata kleben.
7. An der Öffnung der Piñata rechts und links ein Loch durchstechen und das Paketband durchziehen.
8. Die Piñata mit den Nüssen und Süßigkeiten füllen und aufhängen.

Das Mädchen mit den Schwefelhölzern

Es war fürchterlich kalt. Es schneite und begann dunkel zu werden. Es war der letzte Abend im Jahre, Neujahrsabend! In dieser Kälte ging nun ein armes Mädchen auf nackten Füßen, die ganz rot und blau vor Kälte waren. In einer alten Schürze hielt es eine Menge Schwefelhölzer und ein Bund trug es in der Hand. Niemand hatte dem Mädchen während des ganzen Tages etwas abgekauft, niemand hatte ihm auch nur einen Dreier geschenkt.

In einem Winkel zwischen zwei Häusern kauerte das Mädchen sich zusammen. Es wagte nicht, nach Hause zu gehen, denn es hatte ja keine Schwefelhölzer verkauft und nicht einen einzigen Dreier erhalten. Der Vater würde es schlagen, und kalt war es daheim auch.

Die kleinen Hände waren vor Kälte fast ganz erstarrt. Ach! Ein Schwefelhölzchen könnte gewiss gut tun. Ritsch! Wie sprühte es, wie brannte es! Es gab ein kleines Licht, als das Mädchen die Hand darum hielt, ein wunderbares Licht! Es kam dem Mädchen vor, als sitze es vor einem großen Ofen. Das Feuer brannte ganz herrlich darin und wärmte schön! – Da erlosch die Flamme, und der Ofen verschwand.

Ein neues Hölzchen wurde angestrichen, es brannte, es leuchtete. Das Mädchen sah einen fein gedeckten Tisch, und herrlich dampfte eine gebratene Gans darauf! Da erlosch das Schwefelholz, und nur die dicke, kalte Mauer, vor der das Mädchen hockte, war zu sehen.

Das Mädchen zündete ein neues Hölzchen an. Da saß es unter dem schönsten Weihnachtsbaume. Viele tausend Lichter brannten auf den grünen Zweigen. Die Kleine streckte die Hände danach aus – da erlosch das Schwefelholz. Die vielen Weihnachtslichter stiegen höher und immer höher, nun sah das Mädchen, dass es die klaren Sterne am Himmel waren. Einer davon fiel herab und machte einen langen Feuerstreifen am Himmel.

„Nun stirbt jemand!“, sagte die Kleine, denn ihre alte Großmutter, die sie lieb gehabt hatte, die jetzt aber tot war, hatte gesagt: „Wenn ein Stern fällt, so steigt eine Seele zu Gott empor.“

Sie strich wieder ein Schwefelholz gegen die Mauer, es leuchtete ringsumher, und im Glanz stand die alte Großmutter da. „Großmutter!“, rief die Kleine. „Oh, nimm mich mit! Ich weiß, dass auch du gehst, wenn das Schwefelholz ausgeht, so wie der warme Ofen, der schöne Gänsebraten und der große, herrliche Weihnachtsbaum!“ Sie strich schnell den ganzen Rest der Schwefelhölzer an, denn sie wollte die Großmutter festhalten, und die Schwefelhölzer leuchteten mit solchem Glanz, dass es heller war als am lichten Tage. Die Großmutter war nie so schön, so groß gewesen; sie hob das kleine Mädchen auf ihren Arm, und in Glanz und Freude flogen sie in die Höhe, und da fühlte sie keine Kälte, keinen Hunger, keine Furcht – sie waren bei Gott!

Aber im Winkel am Hause saß in der kalten Morgenstunde das kleine Mädchen mit roten Wangen, mit lächelndem Munde – erfroren am letzten Abend des alten Jahres. Niemand wusste, was das Mädchen Schönes erblickt hatte, in welchem Glanz es mit der alten Großmutter zur Neujahrsfreude eingegangen war.

Hans Christian Andersen

Es tickt die Zeit. Das Jahr dreht sich im Kreise.
Und werden kann nur, was schon immer war.
Geduld, mein Herz. Im Kreise geht die Reise.
Und dem Dezember folgt der Januar.

Erich Kästner

Neujahrsnacht

In dieser Nacht um Mitternacht,
da tut es einen Schlag,
da steht das neue Jahr vor dir
und sagt dir guten Tag.

Und spricht: „Bin ich nicht pünktlich? Freund,
du selbst stehst auch bereit.
Auf, wollen wir gemeinsam gehen
ein Stücklein durch die Zeit."

Josef Guggenmos

Zu Neujahr

Will das Glück nach seinem Sinn
dir was Gutes schenken,
sage Dank und nimm es hin
ohne viel Bedenken.
Jede Gabe sei begrüßt,
doch vor allen Dingen:
Das, worum du dich bemühst,
möge dir gelingen.

Wilhelm Busch

Der Tag der wahren Entscheidungen – 2. Januar

„Welchen Tag haben wir heute?“, fragte Nico, das Eichhörnchen, und schlug ein Auge auf.

Da niemand da war, der ihm antwortete, schlief er bald wieder ein.

Einige Stunden später wachte er wieder auf. Dieses Mal war er nicht mehr müde. Er stieg von seinem Baum herunter, um bei seinem Freund Julius einen Kaffee zu trinken. Julius schlief noch, zusammengerollt hinten in seinem Bau. Julius war ein etwas träger Fuchs, der sich nicht dazu durchringen konnte, bei seiner Mutter auszuziehen. Die räumte gerade auf und sagte zu Nico, dass man ihren Sohn nicht wecken dürfe, denn er sei müde.

Enttäuscht darüber, mit niemandem plauschen zu können, bestieg Nico wieder seinen Baum, betrat seinen Kobel, legte seinen buschigen Schwanz um den Kopf und schloss die Augen.

„Am zweiten Tag des Jahres“, so dachte er, „da muss man die echten Entscheidungen treffen. Nicht die heuchlerischen, vagen Vorsätze des ersten Januars. Für dieses Jahr nehme ich mir vor, nur das zu tun, was angenehm ist und Spaß macht. Punkt. Aus.“

Und dann schlief er wieder ein.

Grégoire Solotareff

Zeiten und Räume

Unser Mond

Der Mond verändert seine Form von Tag zu Tag – von der zunehmenden Mondsichel im ersten Viertel über den zunehmenden Halbmond zum Vollmond, dann zum abnehmenden Halbmond im dritten Viertel über die schwindende Mondsichel hin zum Neumond.

Der Mond durchläuft diese Stufen, die man auch Mondphasen nennt, wieder und wieder. Und so sehr der Mond sein Gesicht auch wandelt, eines ändert sich nie: Du findest in jedem Monat dieselbe Form des Mondes immer zur selben Zeit am selben Platz.

In früheren Zeiten entwickelten die Menschen einen Mondkalender. Ein Mondmonat ist die Zeit, die der Mond braucht, um sich einmal vollständig um die Erde zu drehen. So ist am ersten Tag des Mondmonats immer Neumond, am fünfzehnten Tag immer Vollmond.

In Ostasien spielt der Mondkalender auch heute noch eine große Rolle. Selbst in Tageszeitungen wird oft – neben dem Datum des offiziell eingeführten westlichen Kalenders – das Datum nach dem Mondkalender angegeben. Erster Tag des Monats ist der Tag des Neumonds.

Text: Chang-hoon Jung und Hans-Jürgen Zaborowski
Bilder: Ho Jang

Interview mit Sigmund Jähn

Der erste deutsche Weltraumfahrer im All war Sigmund Jähn aus Sachsen. Er flog am 26. August 1978 zur russischen Raumstation Saljut 6. Das Radiointerview entstand fast 15 Jahre später.

Wie war das damals, als Sie zusammen mit einem russischen Raumfahrer ins Weltall fliegen konnten?

Es gab ein Weltraumprogramm für einen gemeinsamen Flug auf eine russische Weltraumstation. Sie fliegt für viele Jahre um die Erde und kommt auch nicht mehr zurück. Wenn sie nicht mehr tauglich ist, fällt sie in den Ozean. Und diese Raumstation kann man mit kleineren Raumschiffen, die ungefähr so groß sind wie ein Auto, anfliegen.

Wie lange waren Sie unterwegs?

Das war so: In der russischen Raumstation Saljut 6 waren zwei Kosmonauten, so nennt man in der russischen Raumfahrt die Raumfahrer, die flogen damals schon siebzig Tage um die Erde. Und die haben wir aufgesucht. Wir sind mit der Rakete Sojus 31 gestartet und waren länger als eine Woche unterwegs.

Bevor Sie losgeflogen sind, hatten Sie da Angst?

Also Angst darf man dabei nicht haben. Aber aufgeregt ist man natürlich schon. Zuerst wird man mit einem Fahrstuhl in das Raumschiff an der Spitze der Rakete gefahren, und die ist ungefähr fünfzig Meter hoch, also wie ein großer Kirchturm. Wenn man dann in dem Raumschiff sitzt, sieht man zunächst gar nichts mehr, denn es ist mit einem Schutzschild abgedeckt. Dann geht es mit einem Riesenkrawall los. Die Rakete hebt ab, wird schneller, immer schneller. Das poltert und kracht und dröhnt schon ganz schön in den Ohren. Dann fliegt nach ein paar Minuten die Verkleidung weg, die um das Raumschiff herum war.

S. 176 Textwerkstatt
KV 34+35 (Test)

Dann ist man aber schon hoch in der Luft?

Dann ist man schon ungefähr 50 km hoch über der Erde und die Rakete wird immer schneller, schneller, schneller. Man sieht dann schon, wenn die Verkleidung weg ist, dass der Himmel wieder hell ist. Und plötzlich gab es dann noch einmal einen Knall, als das Raumschiff von der Rakete abgesprengt wurde, und dann waren wir schwerelos. Wir saßen im Raumschiff und ich hatte ein ganz komisches Gefühl. Die Hände bewegten sich so locker, obwohl man angeschnallt war.

Von alleine?

Ja, man ist eben schwerelos. Das ist ja wohl das Schönste, was ein Raumfahrer erleben kann, wenn er plötzlich sein Körpergewicht nicht mehr spürt. Und dann, muss ich sagen, etwas Schöneres habe ich noch nicht erlebt: Man sieht, dass die Erde rund ist, richtig mit den Wolkenwirbeln. Und dann die wunderschöne blaue Atmosphäre. Nicht umsonst heißt die Erde ja der Blaue Planet. Und dass man immer die schöne blaue Erde, die man richtig lieb gewinnt, von da oben sieht und man immer daran denkt, dass unser Blauer Planet vielleicht der schönste ist, den es im Weltall gibt.

Sigmund Jähn und Valerij Bykowski an Bord

Die Sojus 31, bereit zum Start

Raketen, Satelliten, Raumfahrt ins All

Die ersten Menschen im Weltall

Am 20. Juli 1969 betrat zum ersten Mal ein Mensch den Mond. Es war der Amerikaner Neil Armstrong. Dabei sprach er die berühmten Worte:
„Ein kleiner Schritt für einen Menschen,
aber ein gewaltiger Schritt für die Menschheit."
Der erste Mensch im Weltall war der Russe Juri Gagarin. Das war acht Jahre vorher, am 12. April 1961.

Wofür braucht man Raketen?

Alles, was von der Erde ins All soll, muss mit Raketen transportiert werden: Raumsonden, Raumstationen, Satelliten und Raumkapseln. Die Raketen bringen zum Beispiel Satelliten ins All und sorgen dafür, dass sie genau in die richtige Umlaufbahn kommen. Da schweben die Satelliten dann alleine weiter – die Rakete wird nicht mehr gebraucht.
Sogar der Spaceshuttle startete mit Hilfe von Raketen. Beim Start hatte er auf beiden Seiten zusätzlich je eine riesige Hilfsrakete – sogenannte Booster. Diese wurden aber schon nach dem Start abgeworfen, sobald sie ausgebrannt waren.

Die Raumstation „Mir"

Die Mir war eine sowjetisch-russische Raumstation. Auf Deutsch übersetzt bedeutet Mir „Frieden". Im Jahr 1986 wurde das erste Teil, das Basismodul der Raumstation „Mir", ins All gebracht. Die Mir flog insgesamt 5 Jahre lang um die Erde und umrundete diese dabei etwa 90 000 Mal. Sie war länger in Betrieb als irgendein anderes Raumschiff zuvor. An Bord haben Kosmonauten Tausende von medizinischen und naturwissenschaftlichen Experimenten gemacht.

S. 176 Textwerkstatt

ISS – die Riesen-Libelle

Die ISS ist eine internationale Raumstation. Sie ist seit 1998 im Bau. Viele Länder arbeiten zusammen an diesem Projekt. Die ISS ist so groß, dass die Teile einzeln in den Weltraum gebracht werden müssen. Dort bauen die Astronauten sie dann zusammen. Die ISS wächst von Jahr zu Jahr.

Weltraumteleskope

Teleskop ist ein anderes Wort für Fernrohr. Im Weltraum schwirren viele dieser Superaugen herum, durch sie können wir ins All schauen. Das bekannteste ist „Hubble". Seit 20 Jahren macht der Milliarden Euro teure Satellit unglaubliche Entdeckungen – und hält die Forscher mit Pannen auf Trab. Hubble braucht 97 Minuten, um einmal den Erdball zu umrunden. Jede Woche funkt die Sonde so viele Daten, dass man damit, auf Buchseiten ausgedruckt, einen Kilometer Regal füllen könnte.

Wettersatelliten

Wettersatelliten beobachten das Wetter. Sie messen und dokumentieren. Diese Daten senden die Satelliten dann zur Erde. Spezialisten können eine Wettervorhersage erstellen, indem sie Wind und Regen beobachten und die Temperatur von Boden und Luft messen. Die Wolkenbilder, die Wettersatelliten machen, kennst du bestimmt aus der Wettervorhersage.

Der Flug zum Mars

Seit dem Jahr 2000 planen die NASA und die Europäische Raumfahrtorganisation ESA den nächsten Schritt ins All: einen Flug zum Mars. Der Mars ist der Nachbarplanet der Erde. Doch eine Mission dorthin ist ungleich komplizierter als ein Mondflug – schon wegen der Entfernung: Während der Mond im Schnitt nur 384 000 Kilometer über unseren Köpfen kreist, nähert sich der Mars gerade einmal alle zwei Jahre auf weniger als 100 Millionen Kilometer. Astronauten steht eine Reise von mehr als sechs Monaten bevor.

Die erste Marsmission soll um das Jahr 2030 starten. Sie soll aus zwei Teilen bestehen: Zuerst landet ein unbemanntes Raumschiff. Es setzt ein Kraftwerk ab, das aus Wasserstoff und dem Kohlendioxid der Marsatmosphäre Sauerstoff und Methan herstellt – das dient als Treibstoff für den Rückflug. Zwei Jahre später folgen die Astronauten. Sie erforschen den Mars und suchen nach Wasser. Langfristig, glauben die Forscher, könnten Pioniere den Planeten sogar bewohnbar machen.

Stefan Greschik

Der Mars-Rover wurde 2004 auf dem Roten Planeten abgesetzt. Seither sucht er nach Wasser und schickt Fotos zur Erde.

S. 176 Textwerkstatt

Marsmädchen sind ganz anders

Marsmädchen sind stark.

Marsmädchen sind cool.

Marsmädchen haben eine oder zwei Schrauben locker.

Marsmädchen sind Allesgleichzeitigkönnerinnen.

Marsmädchen sind keine Engel …

… wenn es sie überhaupt gibt.

Bilder und Text: Daniela Kulot

Hopp, Hopp, Hypersprung

Onkel Grigorian führte die Kinder über den Hof zu einem benachbarten Steingebäude. Es hatte keine Fenster. Er öffnete mit einem Schlüssel, ließ sie eintreten, schaltete das Licht ein und schloss die Tür wieder hinter sich.

Der Raum sah aus wie ein modernes Büro. Es gab drei Polstersessel, einen Drehstuhl, einen Schreibtisch, eine altmodische Schreibmaschine und einen Aktenschrank.

Helen untersuchte die Tür. „Das ist merkwürdig“, sagte sie.

Fritz ging zu ihr. „Was denn?“

„Sieh nur, ich kann nicht einmal meinen Fingernagel in den Spalt zwischen Tür und Rahmen schieben. Sie sitzt unglaublich eng. Wie kommt überhaupt Luft in diesen Raum?“

Fritz sah sich die Sache genauer an. Er wollte die Tür betasten, doch sein Finger stoppte einen Millimeter vor dem Holz. Es war, als läge eine dünne, transparente Schicht Plastik über der Tür und über der Wand.

„Es ist wie ein Siegel, rings um den Raum!“, rief er aus.

„Ganz genau“, sagte Onkel Grigorian. „Und jetzt möchte ich euch zeigen, wozu es dient.“

Er öffnete den Aktenschrank, doch anstatt eine einzelne Schublade hervorzuziehen, klappte er die gesamte Vorderfront auf, und ein Paneel mit Schaltern und Knöpfen kam zum Vorschein. Er betätigte scheinbar willkürlich einige davon, dann schloss er die Schranktür wieder.

„Fällt euch etwas auf?“

Helen sah sich um. „Die Wände sind plötzlich dunkel“, sagte sie.

„Seht nach oben!“, sagte Onkel Grigorian.

Sie taten, was er sagte, und – sahen Sterne, Millionen von Sternen, viel mehr als gewöhnlich und viel heller obendrein.

Da war noch etwas am Himmel: Ein riesiger Planet, viermal so groß wie der Mond, blau und in weiße Wolken gehüllt. Ein kleiner Teil davon, wie eine Sichel, lag im Dunkeln.

„Wir sind auf dem Mond!“, rief Tubs aufgeregt.

„Sei nicht albern“, sagte Fritz. „Das ist eine Projektion – die Erde aus dem Weltraum gesehen. Es ist unglaublich gut!“

„Es ist wunderschön“, flüsterte Helen.

Plötzlich bemerkte Fritz noch etwas anderes. „Die Wände!“, sagte er.

„Sie sind dunkel“, sagte Tubs.

„Sieh hindurch, nicht auf sie.“

Die drei Kinder kniffen die Augen zusammen. Sie sahen eine graue, zerklüftete Landschaft, die ein wenig an eine vom Mondlicht beschienene Wüste erinnerte.

„Ich hab's euch doch gesagt, wir sind auf dem Mond!“, krähte Tubs.

„Ja. Bei der Decke ist es leicht, genau wie bei drei der Wände. Man braucht nichts weiter als einen Rückprojektor hinter diesem transparenten Zeug. Aber die Vorderwand, mit der Tür? Dahinter liegt der Farmhof ...“

„Viel einfacher“, sagte Onkel Grigorian. „Wir sind tatsächlich auf dem Mond.“

Fritz stieß ein ungläubiges Lachen aus.

„Mach einen Spaziergang nach draußen – das beweist es“, schlug Tubs vor.

„Das können wir nicht“, entgegnete Fritz.

Onkel Grigorian öffnete erneut den Aktenschrank, drückte ein paar Knöpfe, drehte an ein paar Schaltern und plötzlich waren die weißen Wände und die Tür des Farmgebäudes wieder da.

„Gehen wir woandershin.“

Diesmal blieben die Wände und die Decke unverändert, doch neben der Tür erschien ein Fenster. Fritz sah nach draußen.
„*Trafalgar Square!*“, rief er.
Onkel Grigorian lächelte und schwieg.
„Die Wände sind sehr dick“, sagte Fritz. „Du könntest die Projektoren in die Steinmauern eingebaut haben.“
„Aber hier könnt ihr nach draußen gehen“, antwortete Onkel Grigorian.
Fritz starrte ihn an.
„Nur zu!“
Fritz öffnete die Tür, trat nach draußen – und fand sich auf dem Bürgersteig des *Trafalgar Square* mitten in London wieder. Einigermaßen benommen kehrte er in das Büro des Onkels zurück.
„Nun“, sagte er schließlich zu Grigorian. „Wenn du damit nach London kannst, dann kannst du wohl auch auf den Mond.“
„Wie funktioniert es?“, wollte Helen wissen. „Ich meine, wie arbeitet der Antrieb?“
„Ich habe nicht die leiseste Ahnung“, gestand Onkel Grigorian. „Ich bin kein Physiker.“
„Aber was …“ Fritz schluckte mühsam und setzte erneut zu seiner Frage an. „Onkel Grigorian, was bist du dann?“
„Ich studiere Gesellschaften. Doch ich arbeite auch für meine Regierung – das Galaktische Empire würdet ihr es vermutlich nennen – als eine Art Geheimagent. Ich muss eine ganze Reihe von Welten im Auge behalten, die kurz davorstehen, die große Raumfahrt in die unendlichen Weiten des Weltraums zu entdecken. Eure ist eine dieser Welten.“
„Woher kommst du überhaupt?“, fragte Tubs.
„Meine Heimatwelt“, antwortete Onkel Grigorian, „ist der Planet *Klipst*. Er liegt siebzehn Lichtjahre von hier entfernt, in der Umlaufbahn einer kleinen Sonne namens *Marn*.“

Ken Follett

Wie könnte es auf dem Planeten Klipst aussehen?

Dort, wo die Welt aufhört

Dort, wo die Welt aufhört,
am Horizont,
habe ich die Sonne ins Wasser fallen sehen.
Von einer Sekunde zur anderen
sank sie hinter der glatten Meeresscheibe
ins Nichts.

Wenn ich nicht wüsste,
dass die Erde rund ist,
würde ich denken,
die Sonne sei für immer versunken.
Aber Gott sei Dank habe ich ja gelernt
nicht nur meinen Augen zu trauen.

Roswitha Fröhlich

Das bin ich

Die große Wörterfabrik

Es gibt ein Land, in dem die Menschen fast gar nicht reden. Das ist das Land der großen Wörterfabrik. In diesem sonderbaren Land muss man die Wörter kaufen und sie schlucken, um sie aussprechen zu können. Es gibt Wörter, die sind wertvoller als andere. Man sagt sie nicht oft. Eigentlich nur, wenn man sehr reich ist. Denn im Land der großen Wörterfabrik ist sprechen teuer. An manchen Tagen fliegen Wörter durch die Luft. Die Kinder fangen sie dann mit ihren Schmetterlingsnetzen ein. Sie sind stolz, wenn sie ihren Eltern beim Abendessen einige Wörter sagen können. Heute hat Paul drei Wörter in seinem Netz gefangen. Aber er sagt sie nicht gleich, denn er möchte sie aufheben.

Morgen ist Maries Geburtstag. Paul hat sie furchtbar lieb. Das würde er ihr gerne sagen. Doch dafür hat er nicht genug Geld in seiner Spardose. Also wird er ihr die drei Wörter schenken, die er gefunden hat: **„Kirsche, Staub, Stuhl“**. Marie wohnt im Nachbarhaus. Paul klingelt an ihrer Tür. Er kann nicht sagen: „Hallo, wie geht's?“, weil er diese Wörter nicht hat. Stattdessen lächelt er. Marie trägt ein kirschrotes Kleid. Sie lächelt auch. Plötzlich sieht Paul Oskar hinter ihr. Oskar ist Pauls schlimmster Feind. Seine Eltern sind sehr reich. Aber das ist nicht der Grund, weshalb Paul ihn nicht leiden kann. Oskar lächelt nicht. Er spricht. Zu Marie.

„Ich liebe dich von ganzem Herzen, meine Marie. Eines Tages, das weiß ich, werden wir heiraten.“

„Das hat ja ein Vermögen gekostet!“, denkt Paul. Marie lächelt noch immer. Und Paul weiß nicht, wen sie eigentlich anlächelt. „Meine Wörter sind klitzeklein!“, denkt Paul. Er holt tief Luft und denkt ganz fest an all die Liebe in seinem Herzen. Und dann sagt er die Wörter, die er in seinem Netz gefangen hat. Die Wörter fliegen zu Marie. Sie sind wie kostbare Kieselsteinchen.

Kirsche! Staub! Stuhl!

Marie lächelt nicht mehr. Sie blickt ihn an. Weil sie keine Wörter hat. Sie nähert sich ganz behutsam und gibt Paul einen sanften Kuss auf die Wange. Paul hat noch ein einziges Wort, das er sagen kann. Vor langer Zeit hat er es in einem Mülleimer gefunden. Er hat es für einen ganz besonderen Tag aufgehoben. Und dieser Tag ist jetzt da.

Text: Agnès de Lestrade / Bilder: Valeria Docampo

Die Verliebten

Anna ist verliebt,
weil es Paule gibt.

Annostraße vier.
Und was ist mit ihr?

Anna geht herum,
geht zurück nur um

einmal Paul zu sehn.
Und was ist mit dem?

Paule geht herum
vor dem Fenster um

einmal Anna sehn,
auch nur kurz wär schön.

Annostraße acht.
Was die Anna macht?

Anna geht herum,
geht zurück nur um

einmal Paul zu sehn.
Und was ist mit dem?

Paule geht herum
vor dem Fenster um

einmal Anna sehn,
auch nur kurz wär schön.

Annostraße acht.
Was die Anna macht?

Peter Maiwald

Ich habe dich so lieb

Ich habe dich so lieb!
Ich würde dir ohne Bedenken
Eine Kachel aus meinem Ofen
Schenken

Joachim Ringelnatz

Telefon

Da läutet das Telefon.
Ich stürze aus dem Zimmer –
renne über die Stiege –
krache ins Wohnzimmer –
reiße den Hörer von der Gabel –
keuche dir entgegen:
Ja?
Oh, hallo Oma!

Heinz J. Zechner

Jule Popp

Paul liebt Jule Popp.
Die tut so, als ob
sie den Paul nicht sieht.
Paul pfeift laut ein Lied.

Paul liebt Jule Popp.
Die tut so, als ob
sie den Paul nicht schaut.
Paul pfeift lauter laut.

Paul liebt Jule Popp.
Die tut so, als ob
sie den Paul nicht kennt.
Paul schwenkt wild sein Hemd.

Paul liebt Jule Popp.
Die tut so, als ob
sie den Paul nicht säh.
Paul steht Kopf. Ach nee!

Paul liebt Jule Popp.
Die tut so, als ob
sie weiß Gott was wär.
Paul liebt sie nicht mehr.

Peter Maiwald

Ich kapier das nicht

Am Wochenende war doch alles in Butter. Samstag haben Vincent und ich stundenlang an unserer Story gebastelt. Wir haben gezeichnet und die Bilder mit Papas Digitalkamera aufgenommen. Das ist zwar eine Höllenarbeit und es geht ganz langsam, aber zum Schluss konnte man schon sehen, wie sich da was bewegt. Echt! Und jetzt so was.

Zorro grinst so breit, dass es nicht schwer ist, zu erraten, wer das da hingeschrieben hat.
„Da ist ja unser Süßer!“, höre ich.
Aber es ist nicht Zorro, der das sagt, auch nicht Monsterbacke Ritschie. Es ist Tim. Der liebe, harmlose Tim. Ich glaub's nicht. Dem hab ich doch nie was getan. Sind die jetzt alle durchgedreht? Ich drehe mich zu Vincent um.
„Hast du das gesehen?“, frage ich empört. Er grinst mich bloß an.
„Ich wisch das jetzt weg!“, sagt jemand. Es ist Cleo. Das ist total nett von ihr, aber auch total doof irgendwie. He Mann, sie ist ein Mädchen. Ich werde von einem Mädchen gerettet. Und das kann nur nach hinten losgehen.

Es ist nach hinten losgegangen. Natürlich haben wieder alle gelacht. Und jetzt ist Cleo auch noch sauer auf mich. Bloß weil ich gesagt habe, dass ich ja nichts dafürkann, dass mir ein Mädchen hilft. Und das hab ich nur gesagt, weil Zorro und Monsterbacke in einer Tour „Weichei, Mädchenversteher, Weichei!“ geplärrt haben.

Cleo ist ganz blass geworden und hat ihre Augen zusammengequetscht. Dann hat sie sich vor mir aufgebaut. Ganz dicht! Mit ihrer Nasenspitze an meiner.
„Weichei!“, hat sie gezischt. „Da muss ich den Jungs ausnahmsweise mal recht geben.“

S. 170 Textwerkstatt

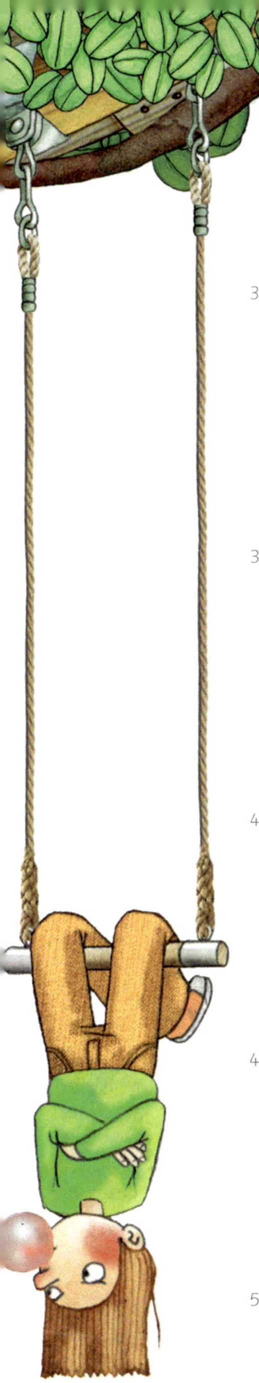

Ich war echt froh, als die Schule endlich aus war. Schon weil Detlef und Ritschie keine Gelegenheit ausgelassen haben, „Luilein ist noch klein!" zu rufen.

Und das Blödeste ist, dass Vincent den ganzen Vormittag keine Zeit hatte, mit mir zu reden. Jede Pause hat er dazu genutzt, so eine fiese Deutschhausaufgabe abzuschreiben. Einmal hab ich versucht, ihn was zu fragen.

„Ich will nicht schon wieder eine miese Note!", hat er gemurmelt und nicht mal von seinem Heft hochgeguckt. Heute Nachmittag hat er auch keine Zeit wegen Mathe.

Ich will nicht, dass Cleo sauer auf mich ist. Cleo wohnt in unserer Straße. Ihre Mutter macht die Tür auf.

„Cleo ist im Baumhaus", sagt sie.

Cleo hängt kopfüber an ihrer Luftschaukel. Sie verzieht keine Miene. Sie lässt eine Kaugummiblase platzen. Eine Weile starren wir uns bloß an.

„Sorry, wegen heute Morgen!", murmle ich irgendwann.

Cleo verdreht ihre Augen und bringt sich langsam in eine aufrechte Position.

„Was willst du mir damit sagen?", fragt sie spitz. „Sorry, dass heute ein Morgen war? Sorry, dass es heute Morgen geregnet hat? Oder sorry, dass heute Morgen nicht gestern war?"

„Du weißt schon ...!", sage ich. „Was soll ich denn noch sagen?"

„Was du sagen sollst?", faucht Cleo. „Sorry, dass ich ein mieser Verräter bin. Sorry, dass ich mich von dieser Affenbrut einschüchtern lasse. Sorry, dass ich so viel Mut wie ein Eichhörnchen habe! Such dir was aus!"

„Ich nehm das Zweite!", sagte ich patzig.

Cleo seufzt. „Willst du 'ne Limo?"

„Zitrone", sage ich.

Dagmar Geisler

Beste Freundin dringend gesucht

Von Papa bekam ich ein Geschenk. Ein kleines, rotes Notizbuch mit einem Ledereinband. Jetzt schreibe ich alle wichtigen Dinge, die ich dringend erledigen muss, in mein Notizbuch. Als Erstes habe ich das Allerwichtigste in mein Notizbuch geschrieben:

> Eine beste Freundin
> für Elfriede finden,
> DRINGEND!
> (Elfriede müsste ich eigentlich nicht schreiben, weil ich ja Elfriede bin. Aber ich schreibe es trotzdem genauso hin, weil es so wichtiger aussieht.)

Ich habe auch schon einen Plan:
Zuerst mache ich eine Liste mit allen Mädchen aus meiner Klasse, die geeignet sind, meine beste Freundin zu werden.

Liste mit Freundinnen für Elfriede (mich!):

- *Lena Berger, vielleicht. Hat mich beim Volleyball noch nie in ihre Mannschaft gewählt. Mag Knutschfilme. Eher nein.*
- *Die andere Lena: Sagt, ich würde bei ihr abschreiben. Nein.*
- *Laura, redet fast nur mit Melanie und den beiden Lenas! Nein!*
- *Melanie, will immer die Beste sein, teilt nie. Nein.*
- *Tilek, redet andauernd von ihren Springmäusen, ist eingebildet. Nein!!!*
- *Mona, hat zwei Ratten, ist genauso eingebildet wie Tilek. Nein.*
- *Hanna, ist Vesnas beste Freundin. Petzt. Nein.*
- *Sophie. Klar, Sophie!*

⊙ Hör-CD – Hör genau: Wie viele Mädchen stehen auf Elfriedes Liste?

Von allen Mädchen in meiner Klasse ist Sophie am besten geeignet, meine beste Freundin zu werden. Immerhin hat sie mich im letzten Jahr zu ihrer Geburtstagsfeier eingeladen. Sophie hat nur einen Nachteil: Ich glaube, sie wäre gerne Lena Bergers beste Freundin. Egal, ich frage sie gleich morgen, ob sie sich mit mir treffen will.

Katja Alves

Wie soll eine gute Freundin, ein guter Freund sein?

Über diese Frage haben die 25 Kinder einer vierten Klasse diskutiert. Jeder konnte seine Meinung zu dieser Frage sagen. Die verschiedenen Aussagen hat die Klasse für eine Umfrage notiert. Bei der Umfrage konnten alle ankreuzen, ob sie den Aussagen zustimmen oder nicht.

Ein guter Freund, eine gute Freundin ...

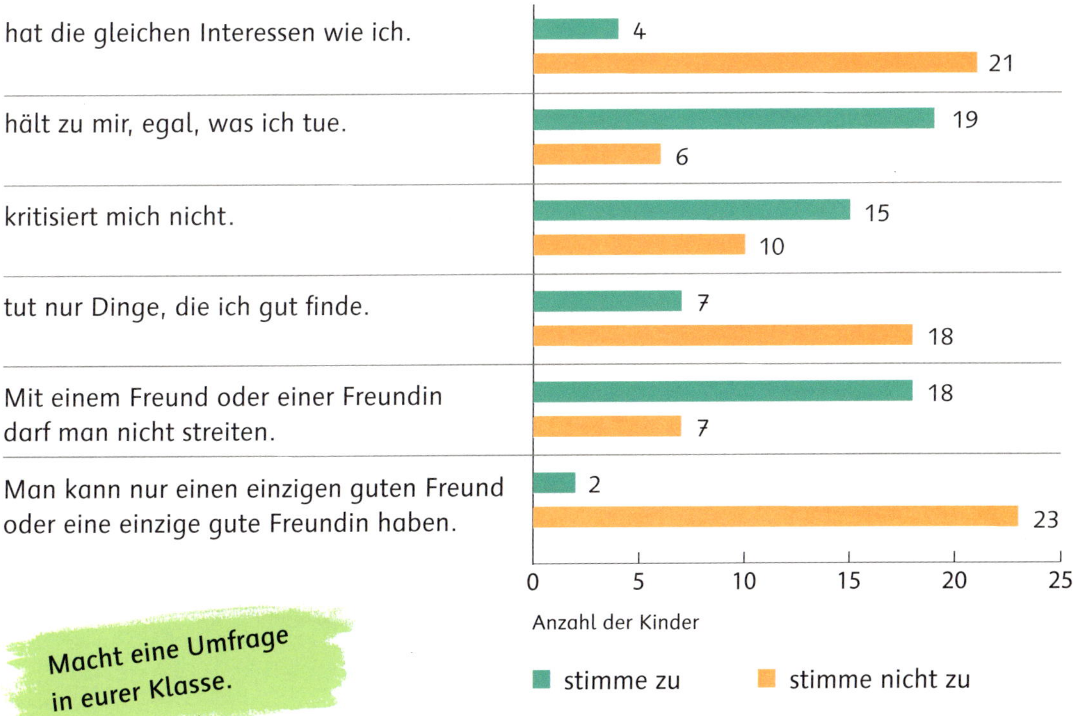

Macht eine Umfrage in eurer Klasse.

Der Fisch mit dem goldenen Bart

In einem Teil des Meeres lebten vor langer, langer Zeit zwei Fische, die sehr gute Freunde waren. Davon hatte der eine einen schönen, langen, goldenen Bart.

Die beiden Fische verbrachten viel Zeit miteinander. Doch eines Tages suchte der Fisch mit dem goldenen Bart vergeblich nach seinem Freund. Nirgends konnte er ihn finden.

Tief bekümmert suchte er den Zauberer Oktapus auf und erzählte ihm, dass sein bester Freund verschwunden sei.

Der Zauberer sprach: „Die Menschen haben deinen Freund gefangen. Ich werde dich an Land bringen, sodass du deinen Freund suchen kannst. Bedenke aber, du musst vor Sonnenuntergang wieder ins Meer zurückkommen, sonst musst du sterben.“

Der Zauberer versetzte den Fisch mit dem goldenen Bart in Schlaf und als dieser am Strand des Meeres aufwachte, hatte er die Gestalt eines Menschen angenommen.

Lange, lange suchte er. Der Abend näherte sich schon und er wurde sehr traurig und niedergeschlagen.

Als er schon alle Hoffnung aufgegeben hatte, was sah er da? Im Schaufenster eines Ladens schwamm sein Freund in einem Aquarium. Schnell betrat er den Laden.

„Bitte gib mir den Fisch dort“, sagte er zu dem Verkäufer.

Doch der Verkäufer verlangte Geld, was ihm der Fisch in Menschengestalt nicht geben konnte.

Da sagte der Verkäufer: „Wenn du nicht bezahlen kannst, kann ich dir auch nicht den Fisch verkaufen, es sei denn, du schneidest deinen goldenen Bart ab und bezahlst damit.“

Was sollte der arme Fisch in Menschengestalt tun? Das Wichtigste war ihm, seinen Freund zu retten. Er schnitt sich also den Bart ab, dann nahm er seinen Freund in den Arm und rannte aus der Stadt.

Er erinnerte sich an die Warnung des Zauberers. Er lief und lief, ohne sich eine Rast zu gönnen. Gerade als die Sonne am Horizont verschwand, erreichten beide das Meer und tauchten sofort unter. Der Fisch in Menschengestalt verwandelte sich dabei wieder in einen echten Fisch. Voller Freude umarmten sich die beiden Freunde und schwammen glücklich nach Hause.

Seit diesem Tag hat keiner der beiden Fische mehr einen goldenen Bart, doch sie sind die besten Freunde, die man sich vorstellen kann.

Märchen aus der Türkei

Der Esel

Einmal kam ein Nachbar zu Nasreddin und sagte:

„Nasreddin, du weißt: Ich bin dein Freund."

„Wenn du es sagst, wird es wohl wahr sein", antwortete Nasreddin.

„Und mein Freund möchte bestimmt etwas von mir."

„Ja, so ist es", sagte der Nachbar.

„Könntest du mir deinen Esel für zwei Tage ausleihen?"

Nasreddin, der das Tier nicht hergeben wollte, sagte:

„Ich habe den Esel leider bereits verliehen. Er ist nicht im Stall."

In diesem Moment schrie der Esel im Stall laut „Iah".

Der Nachbar sagte: „Dein Esel ist doch da! Ich höre ihn rufen!"

„Du glaubst also einem Esel mehr als mir?", sagte Nasreddin vorwurfsvoll.

„Und so was will ein Freund sein!"

Paul Maar

Tonje findet drei neue Freunde

Tonje ist das einzige Kind in Glimmerdal. Sonst gibt es dort nur noch den Hof von ihrem Patenonkel Gunnvald, das Haus von der alten Sally und den Wellnesscampingplatz von Klaus Hagen, der keine Kinder mag.

Da kommen zwei Kinder die Straße entlang. Tonje ist so verblüfft, dass ihr der Mund offen stehen bleibt. Es sind zwei Jungs! Der eine trägt eine Militärhose und ein Tuch um den Kopf. Er springt hin und her und tritt Eisklumpen weg. Der andere ist ganz normal angezogen und geht ruhig und still am Straßenrand. Kann das wahr sein? Machen sie Winterferien in Glimmerdal? Tonje will die beiden gerade anlächeln, als der Junge mit dem Kopftuch den Mund öffnet.

„Du ärgerst meinen Bruder nicht." Tonje zieht eine Augenbraue hoch.

„Wenn du meinen Bruder auch nur antickst, dann mache ich aus dir Hackfleisch", verkündet der kleine Nervzwerg und sieht sie mit drohendem Blick an.

Der andere Junge steht reglos an der Seite und schaut schüchtern weg. Tonje kann nicht anders, sie geht an dem Nervzwerg vorbei und pikst den Zeigefinger in die Schultern des Jungen am Straßenrand.

„Du hast meinen Bruder angefasst!", empört sich der Nervzwerg.

Tonje zeigt ihr breitestes Lächeln. Mehr bringt sie nicht zustande, da hat sich der kleine Verrückte schon auf sie geworfen.

Er greift sie an! In ihrem eigenen Tal! Beim schwärzesten Waldsee, der ist vielleicht wütend.

„Oooooh!", schreit Tonje.

Die beiden kullern über den vereisten Weg. Der Nervzwerg kneift und tritt, schlägt und zieht an den Haaren, und Tonje steht ihm darin in nichts nach. Sie kämpft mindestens genauso hart.

Aber plötzlich hört der Junge mit dem Tuch um den Kopf auf, sich zu prügeln.

„Bror!“, ruft er.

Sein Bruder ist einfach gegangen.

Der Nervzwerg rennt hinter ihm her, wobei er „Bror, Bruder, warte! “ ruft, dass es von den Bergen widerhallt.

Langsam und zitternd klopft Tonje sich den Schnee ab.

Ihre Hand tut weh. Was ist da eben eigentlich passiert?

Tonje tritt den Schlitten, bis er ganz schnell dahinsaust, und holt die beiden an Hagens Wellnesscamping ein. Der Junge, den sie nicht anrühren sollte, kann offenbar sprechen. Er sieht sie entschuldigend an.

„Er meint es nicht so. Er ist nur ...“

„Oh doch, ich meine es so!“, ruft der Kleinere von beiden.

„Übrigens prügelst du dich wie ein Mädchen“, zischt er und läuft mit wütenden Schritten auf den Campingplatz.

„Ich bin ein Mädchen!“, brüllt Tonje ihm empört hinterher.

Der andere Junge steht immer noch da. Tonje wünscht sich von ganzem Herzen, dass er etwas zu ihr sagt. Etwas Nettes. Aber der Junge sagt nichts. Er schaut zu Boden und dann dreht er sich um.

„Ihr Idioten!“

Oben bei Gunnvald kommen ihr die Tränen. „Ich habe mich geprügelt!“, schluchzt Tonje. Gunnvald zieht einen Stuhl heran, während die ganze Geschichte aus Tonje herausplatzt. Gunnvald möchte wissen, ob sie ein paar gute Schläge hat anbringen können. Er holt ein Desinfektionsmittel und pflastert sie wieder zurecht.

„Warum sind nur solche Idioten gekommen, wenn schon mal welche kommen?“, schimpft sie.

Am nächsten Morgen läuft Tonje die ganze Zeit im Wohnzimmer herum.

„Geh schon runter und such die beiden“, sagt Papa schließlich.

Tonje läuft noch eine Weile im Kreis, doch dann macht sie kehrt und läuft hinaus.

„Die sind mir doch piepegal!“, ruft sie laut in den Himmel hinauf. Nur, dass es unmöglich ist, nicht an sie zu denken. Was um alles in der Welt machen sie eigentlich da unten? Kinder sind bei Klaus Hagen doch gar nicht erlaubt.

„Nein, so ein Kuhmist“, sagt Tonje und dann fährt sie los, ganz hinunter bis zum Campingplatz. Sie entdeckt sie sofort. Der Nervzwerg baumelt an einer der Metallstangen. Bevor Tonje selbst so recht weiß, was sie tut, hat sie einen Schneeball geknetet und schickt ihn los. Sie trifft und der Nervzwerg plumpst wie ein nasser Sack zu Boden. Er springt wütend auf. Doch als er sieht, wer das war, bleibt er stehen.

Und so stehen sie da alle drei, Tonje, der Nervzwerg und der Junge, den sie nicht anrühren durfte, und es scheint, als würde die Zeit für eine Weile stillstehen. Der Nervzwerg kommt vorsichtig näher, holt tief Luft und erklärt ihr, dass er Ole heißt.

„Ich bin acht. Das ist Bror. Er ist zehn.“

„Und warum kommt er nicht her?“, fragt Tonje.

„Er passt auf Gitte auf.“

Und da sieht Tonje, dass eine rosa Pudelmütze aus dem Schnee hervorlugt. Eine kleine Schwester. Tonjes Herz schlägt Purzelbäume. Am allermeisten von allen Dingen wünscht sich Tonje eine kleine Schwester. Tonje lächelt der kleinen Gitte im Schnee zu. Es ist ein dickes kleines Mädchen, das höchstens zwei oder drei Jahre alt sein kann.

Tonje streckt dem Jungen, der auf sie aufpasst, die Hand entgegen.

„Ich heiße Tonje. Willkommen in Glimmerdal."

Genau in dem Moment kommt Klaus Hagen um die Ecke. Einmal hat Tante Eir Tonje erzählt, dass man, wenn man einem Bär begegnet, sich tot stellen soll. Dann geht der Bär seines Weges. Bevor die Kinder überhaupt Luft holen können, hat Tonje sich kopfüber in den Neuschnee geworfen.

„Trulte!"

Klaus Hagen schreit. Tonje liegt im Schnee und stellt sich tot, auch wenn sie riesige Lust hätte, sich umzudrehen und ihm ein für alle Mal laut und deutlich zu erklären, dass sie nicht Trulte heißt, sondern Tonje.

Er ist direkt über ihr. Aber zum Glück klingelt plötzlich jemand mit der Glocke in der Rezeption und möchte Klaus Hagen sprechen.

„Raus mit dir!", sagt er noch, als er geht. „Hier gibt es schon zu viele von deiner Sorte!"

Tonje bleibt liegen, bis Gitte sie mit ihrer Plastikschaufel pikst und „Guten Morgen" sagt. Da dreht sie sich um und lächelt.

„Wollt ihr mit hochkommen zu Gunnvald?"

„Ja", sagt Gitte.

Sie kann nicht wissen, wer Gunnvald ist, aber alle Plätze sind besser als Hagens Wellnesscamping und dieser böse Mann. Bror läuft schnell in eine der Hütten und sagt Bescheid. Und dann nimmt Tonje die ganze Bande mit sich, weg vom Campinggelände.

Maria Parr

Natur entdecken: Tiere

Eisfroschzapfen

Säugetiere und Vögel sind Warmblüter, das heißt, sie verbrennen Nahrung, um warm zu bleiben. Aber andere Tiere – wie Reptilien und Amphibien – sind Kaltblüter und können sich auf diese Weise nicht warm halten. Sie können Temperaturen unter dem Gefrierpunkt nur überleben, indem sie sich irgendwo verstecken, wo es warm ist, oder indem sie sich im Winter in einen Eiszapfen verwandeln!

Auf dem Waldboden, in der eiskalten Blätterstreu, wo zum Beispiel die Roten Fledermäuse überwintern, kannst du gefrorene Waldfrösche finden, zerbrechlich wie Glas. Diese „Eisfroschzapfen" sehen nur tot aus. Im Frühling tauen sie wieder auf und hüpfen davon.

Normalerweise ist es sehr, sehr schlecht für Lebewesen einzufrieren, weil ihre Körper zum größten Teil aus Wasser bestehen. Wenn Wasser zu Eis gefriert – bei ein wenig unter 0 °C –, dehnt es sich aus (wird größer) und zerstört in was auch immer es sich befindet. (Das ist der Grund, warum Wasserleitungen in Häusern manchmal bei frostigen Temperaturen platzen.) Wenn Körper gefrieren, bringt das Eis die Blutgefäße zum Platzen und Organe wie Herz und Lunge werden zerstört, weil das Eis ihre Zellen aufbricht. (Zellen sind die winzig kleinen Bausteine, aus denen alle Körper gemacht sind.)

Aber wie überleben dann „Eisfroschzapfen"? Sie lassen das Eis zwischen all den wichtigen Teilen ihres Körpers wachsen, *außerhalb* von den winzigen Zellen, wo es nicht viel Schaden anrichten kann.

Text: Nicola Davies / Bilder: Neal Layton

Der kleine Kröterich

Es spielen mit: Erzählerin, Klein-Kröterich (Klein-K.), Richard Grashüpfer, Vater von Klein-K., Mutter von Klein-K.

Erzählerin: Die Sonne brennt heiß vom Himmel. Klein-K. liegt am Ufer seines Sees und träumt vor sich hin. Neben ihm sitzt sein neuer Freund Richard Grashüpfer, der vor zwei Tagen mit seiner Gitarre plötzlich hier am See aufgetaucht war.

Klein-K.: Das ist Glück! Das muss Glück sein! Auf das Wasser schauen und einen guten Freund neben sich haben. Das ist Glück! Wir sind glücklich, weil wir am schönsten See der Welt leben. Nichts lässt sich mit ihm vergleichen.

Richard: Es tut mir leid, mein junger Freund, dass ich dir widersprechen muss. Du kannst es nicht wissen, du bist noch zu jung und, entschuldige, wenn ich das sage, zu unerfahren. Erfahrung hat mit fahren zu tun! Mit fahren oder wandern!

Klein-K.: Was meinst du damit?

Richard: Ich meine damit, dass man herumkommen muss in der Welt, damit man die Dinge miteinander vergleichen kann. Ich weiß von einem See, der ist tausendmal schöner als dieser.

Klein-K.: Schöner als dieser hier? Wie ist das möglich? Siehst du nicht das glitzernde Wasser, das Gras am Ufer?

Richard: Doch, doch, das sehe ich wohl. Aber es gibt einen See, der ist so schön, so unvergleichbar schön, dass du ihn noch nicht mal erträumen kannst.

Klein-K.: Hast du ihn schon gesehen? Ist er weit weg von hier? Wie heißt er?

Richard: Nun ja, irgendwo hinter dem Nirgendwo, ich habe ihn nicht mit meinen eigenen Augen gesehen. Aber mir hat es ein wirklich vertrauenswürdiger Krebs erzählt, der weiß es von einem Molch, dem es wiederum eine Libelle erzählte, die es von einem Kohlweißling gehört hatte … absolut vertrauenswürdig.

Erzählerin: Eine laute Stimme unterbricht die Unterhaltung der beiden.

Vater: Klein-K., Klein-K., heimkommen, das Essen ist fertig!

Klein-K.: Mein Vater ruft mich, schade, ich hätte dir gerne weiter zugehört.

Erzählerin: Klein-K. geht schnell nach Hause. Seine Eltern sind in Eile, sie sind heute Abend zur großen Sumpfparty eingeladen.

Vater: Das Essen steht schon auf dem Tisch. Los, beeil dich!

Klein-K.: Papa, hast du schon mal etwas von dem See Irgendwo gehört?

Vater: Iss endlich und hör auf zu schmatzen. Was hast du da gefragt? Wo soll der See sein?

Klein-K.: Irgendwo hinter dem Nirgendwo.

Vater: Unsinn, einen solchen See gibt es nicht. Unser See ist EINZIGARTIG. Das heißt, dass es nur diesen See gibt und sonst nichts.

Klein-K.: Und was ist hinter dem See?

Vater: Was soll da schon sein, ein Weg, eine Wiese …

Klein-K.: Und hinter dem Weg und der Wiese?

Vater: Nichts. Höchstens ... Hinter dem Weg und der Wiese ist ein großes Loch. Und dahinter sind die Störche. Und was das bedeutet, weißt du ja hoffentlich.

Erzählerin: Ja, das wusste Klein-K. Etwas Schlimmeres als Störche gab es nicht. Störche waren das Böse schlechthin.

Vater: Jetzt iss endlich, damit du was wirst. Wann willst du endlich auf deinen eigenen Füßen stehen? Fängst noch nicht mal die kleinste Eintagsfliege ...

Klein-K.: Aber die Fliegen sind doch meine Freunde.

Vater: Fliegen sind keine Freunde, Fliegen sind zum Essen da.

Mutter: Wir müssen uns beeilen, Papa und ich. Ich habe durchs Badezimmerfenster gesehen, dass Herr und Frau Molch sich schon auf den Weg gemacht haben.

Erzählerin: Nachdem die Eltern gegangen sind, schlendert Klein-K. traurig zum See. Draußen ist es schon dunkel.

Richard: Komm, setzt dich zu mir. Wenn du willst, spiele ich dir ein bisschen auf der Gitarre vor. Was hast du? Tut dir was weh?

Klein-K.: Nein, ich muss nur immer an den See denken, den See Irgendwo. Ich möchte ihn so gerne sehen.

Richard: Dich hat die Sehnsucht gepackt, mein Freund.

Klein-K.: Das also ist Sehnsucht. Und was mache ich mit meiner Sehnsucht?

Richard: Lass dich von ihr treiben. Geh, erlebe das Leben. Und vergiss nicht die Abenteuer und die Überraschungen.

Klein-K.: Ja, ich gehe! Aber in welche Richtung, Richard?

Richard: Das ist eine leichte Frage, die Antwort lautet: Geh immer nach Norden.

Klein-K.: Ja, … aber wo ist Norden?

Richard: Norden ist … immer links von dir. Ach, weißt du was? Vergiss den Norden. Geh immer dem Mond nach. Und am Tag richte dich nach der Sonne. Das ist am einfachsten. Und irgendwohin kommst du auf jeden Fall.

Klein-K.: Richard, könntest du nicht … ich meine, … Warum gehen wir nicht zusammen?

Richard: Das geht leider nicht. Dringende Geschäfte, du verstehst? Auf Wiedersehen, mein junger Freund.

Klein-K.: Ja, natürlich. Danke, Richard. Und auf Wiedersehen.

Erzählerin: Klein-K. macht sich auf den Heimweg, um seinen Rucksack für die Reise zu packen. Ein paar Kekse, zwei Äpfel, einen warmen Pullover und eine Unterhose zum Wechseln. Ganz zum Schluss schiebt er auch noch seine alte Plüschtier-kaulquappe in den Rucksack. Schließlich reißt er eine Seite aus einem alten Heft und schreibt darauf:

Liebe Eltern! Ich habe beschlossen, auf Wanderschaft zu gehen. Auf eigenen Füßen zu stehen, auch wenn ich nicht genau weiß, was das heißt. Vielleicht finde ich es ja heraus. Bleibt gesund, alles Liebe, euer Sohn Klein-Kröterich, genannt Klein-K.

nach Mirjam Pressler und Yaakov Shabtei

Die Goldfrösche aus Schweinfurt

Am Peterstirnberg erlebte ein Weinbauer aus Schweinfurt etwas sehr Seltsames. Zusammen mit seiner Frau arbeitete er im Weinberg.

Seine Frau arbeitete sehr fleißig und sie hackte plötzlich mit jedem Schlag in die Erde einen Frosch heraus.

Nachdem sie mehrere Frösche herausgegraben hatte, fiel es ihr auf. Darauf sagte sie zu ihrem Mann: „Pfui! Schau mal, die garstigen Frösche!"

Von nun an kamen keine Frösche mehr. Ihr Mann kam näher, bückte sich nach den Fröschen, sah sie aber nicht. Stattdessen blinkten dort, wo vorher die Frösche zu sehen waren, ebenso viele Goldstücke in der Erde. Der Mann steckte die Goldstücke ein. Mit seiner Frau aber schimpfte er, dass sie nicht weitergearbeitet habe.

Der Weinbauer arbeitete den ganzen Tag mit seiner Frau fleißig weiter. Aber sie fanden keine Goldfrösche mehr.

Volkssage

Der aufgeblasene Frosch

Ein großer Frosch hockte inmitten einer Schar kleiner Frösche im Weiher und sah einen Ochsen auf der Weide. Der Ochse war stattlich und gut im Fleische.
„Warum bin ich nicht so groß wie er?", fragte sich der Frosch und es packte ihn der Neid, weil er kleiner war.
„Aber ich kann mich aufblasen", sagte er, „und dann bin ich ebenso groß."
Er pumpte und pumpte sich voll Luft und rief den kleinen Fröschen zu: „Bin ich so groß wie der Ochse?"
„Nein", quakten die kleinen Frösche.
Da blähte sich der Frosch noch mehr auf und fragte wieder: „Bin ich jetzt so groß wie der Ochse?"
„Nein, noch immer nicht", antworteten die kleinen Frösche.
„Jetzt kann aber nicht mehr viel fehlen", dachte der Frosch, holte noch einmal mit letzter Kraft Luft und pumpte und pumpte – und zerplatzte.

Äsop, nacherzählt von Sybil Gräfin Schönfeldt

Die kleinen und die großen Fische

„Wir sind die Schrecken der Tiefe", prahlten die großen Fische. „Alle leben in Furcht vor uns; wir aber fürchten nichts. Ihr kleinen Fische seid nichts wert. Ihr könnt nicht kämpfen und seid leicht zu fangen."
In diesem Augenblick ließen die Fischer ein neues Netz herunter, und die großen Fische wurden schnell gefangen, hinaufgezogen und ins Schiff befördert.
Die kleinen Fische konnten durch die weiten Maschen des Netzes entkommen.

Äsop, nacherzählt von Rudolf Hagelstange

KV 53; ⊙ Hör-CD – Hör genau: Warum passiert das Unglück?

Textwerkstatt S. 171 S. 186

Erlebnisse an Strand und Küste

Auf einer Wanderung am Strand kannst du die Schätze des Meeres sammeln. Jeder Sturm spült leere Muschelschalen, Schalen von Seeigeln und Seesternen, Scheren und Panzer von Krebsen und Eigelege von Schnecken an Land.
Schau dir die angeschwemmten Teile von Fischernetzen, Holz und Korkstücken, Flaschen und alles, was sonst noch am Strand landet, näher an. Manchmal sitzen Seepocken darauf oder Treibholz ist von Bohrmuscheln durchlöchert.

Checkliste für Strandforscher

Das brauchst du, wenn du auf Entdeckungstouren an Strand und Küste gehst:

- leichter Rucksack
- Kescher
- Eimer
- Becherlupe zum Beobachten von Tieren
- Schaufel, mit der du Tiere im Sand und Watt ausgraben kannst (doch Vorsicht: Töte sie nicht!)
- Plastikdosen und Plastikbeutel für gefundene Strandschätze
- ein Buch, in dem du Namen von Tieren und Pflanzen am Strand nachschlagen kannst

Bärbel Oftring

S. 177 Textwerkstatt

Nach dem großen Sturm

Dies war Peters Welt: ein winddurchwehter Strand, zerklüftete Klippen, ein wildes Kap voller Leben. Trottellummen, Krähenscharben, Dreizehenmöwen, Eiderenten und Langschwanz-Enten kreischten und quakten und schnatterten. In den Wellen schwammen und schnellten Seehunde und Otter hin und her, spielten und suchten im Meer ihre Nahrung. Manche Tiere kamen nur hierher, um ihre Jungen aufzuziehen; für andere war es die Heimat. Die Tankschiffe, die in der Ferne vorüberzogen, beunruhigten die Tiere nicht. Sie fühlten sich sicher in ihrer Bucht. Es war Peters Welt. Hier ließ er Kiesel über die Wasserfläche tanzen, wenn das Meer ruhig war. Hier suchte er in den Tümpeln zwischen den Felsen nach Krebsen. Hier warf er den Enten Brot zu und den Seehunden manchmal kleine Fische. Die Eiderenten waren Peters Lieblinge. Sie kannten seine Stimme. Sie wussten, dass er ihnen nichts tat. Sie wussten, dass er auch hierher gehörte. Er brachte ihnen Futter, und sie kamen angewatschelt und begrüßten ihn. Jede wollte die Erste sein, und Peter musste aufpassen, dass alle ihren gerechten Anteil bekamen.

Doch eines Nachts kam ein Tankschiff zu nahe an die Küste heran. Viel zu nahe an die verspielten Seehunde; viel zu nahe an die schnatternden Enten; viel zu nahe an die Felsen unter der trügerischen Flut.

Viel zu nahe an Peters Welt.

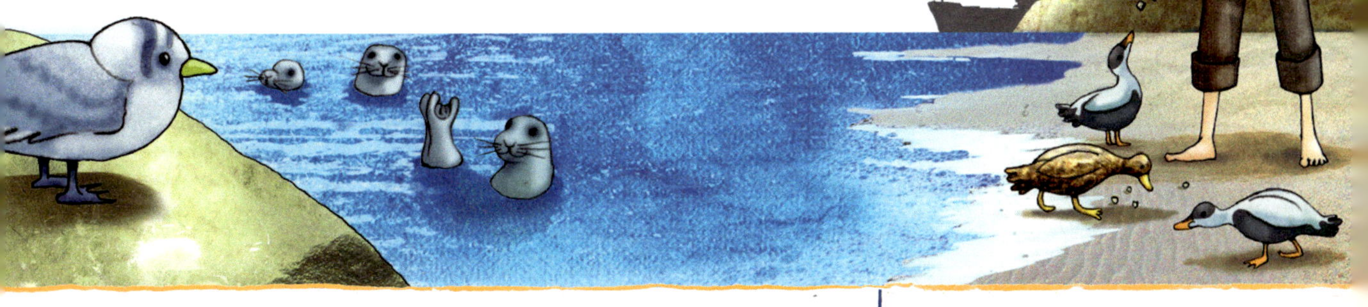

Der eiserne Tanker krachte gegen die Felsen, und das Getöse weckte alle Bauern auf den Höfen in der Nähe. Es riss auch Peter aus dem Schlaf. Alle rannten zum Rand der Klippen und sahen voll Entsetzen, wie der gestrandete Tanker auseinanderbrach.

Die Männer an Bord fürchteten um ihr Leben. Von einem Hubschrauber wurden sie gerettet. Den Tanker überließ man seinem Schicksal. Aus dem Schiffsbauch quoll stinkendes, schwarzes Öl und breitete sich im Meer aus.

Am nächsten Morgen war alles schwarz. Die Wellen trugen schwarzen Schaum; der silberne Sand bestand aus schwarzem Schlamm; die spitzen Felsen waren mit einem schwarzen Schleim bedeckt, der alle Spalten füllte. Peter kletterte hastig die Klippen hinunter. Lange stand er da. Seine Welt war nicht mehr seine Welt. Ein junger Seehund, über und über mit Öl verschmiert, trieb auf dem schwarzen Wasser. Seine großen Augen flehten um Hilfe. Jede neue Welle, die an die Küste donnerte, schleuderte tote Geschöpfe an Land, ließ sie wie Abfall überall am Strand liegen. Eine Trottellumme zupfte verzweifelt an ihrem verklebten Gefieder. Sie vergiftete sich selbst bei diesem Versuch, den Ölschlick zu entfernen. Eine Eiderente kauerte reglos da, erschöpft von dem vergeblichen Kampf um Bewegungsfreiheit.

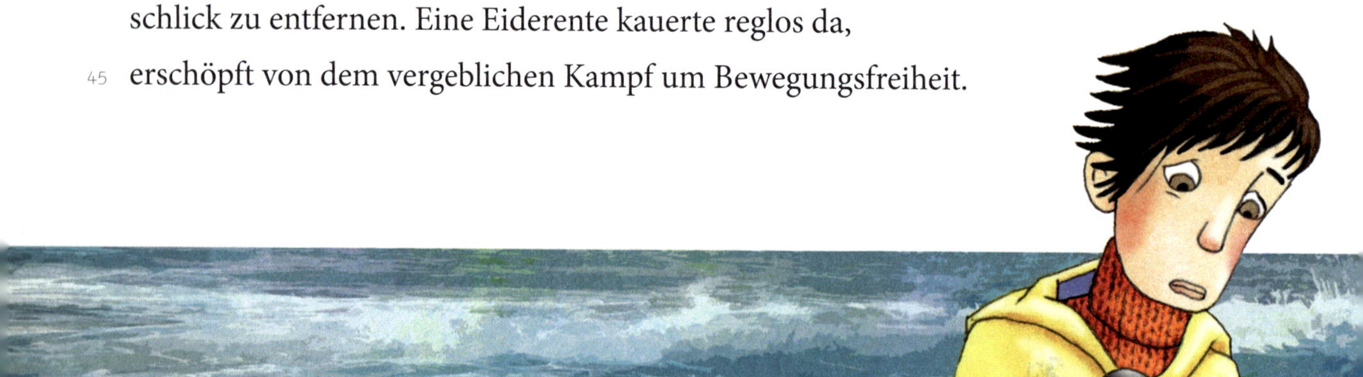

Peter ging vorsichtig auf die Ente zu. Er wollte sie nicht ängstigen. Sie hatte schon genug Angst. Aber die Ente kannte seine Stimme. Peter hob sie auf, und die Ente spürte, dass er ihr helfen wollte. Sie legte den Kopf an Peters Brust, und er wiegte sie in seinen Armen. Der Wind trocknete die Tränen auf seinen Wangen.

Dann nahmen ihm sanfte Hände die Ente ab. Und Peters Vater sagte ihm, er solle bei den Rettungsarbeiten helfen.

Viele Tage lang half Peter, den klebrigen Ölschlick abzukratzen und wegzuspritzen, der jeden Stein bedeckte und jede Felsspalte füllte. Peters Welt kämpfte ums Überleben.

So sieht Peters Strand heute aus: Wenn seine Lieblingsente angewatschelt kommt und ihm Brot aus der Hand frisst, wundert sich Peter jedes Mal, dass sie überlebt hat. Und er lächelt, wenn die Entenküken über die Steine stolpern und rutschen.

Aber wenn Peter einen Kiesel aufhebt, um ihn ins Wasser zu werfen, dann kriegt er häufig schwarze, klebrige Finger, und das Tankschiff fällt ihm wieder ein. Denn gleich unter der Wasseroberfläche, überall in den kleinen Winkeln und Ritzen zwischen den Felsen, gibt es hässliche schwarze Ölreste, die nie wieder verschwinden werden. Trotzdem ist dieser Strand noch immer Peters Welt: ein winddurchwehter Strand, zerklüftete Klippen, ein wildes Kap voller Leben.

Sally Grindley

Ein Tag in der Seehundstation

Jörg Driver ist Tierarzt an der Nordseeküste in einer Seehundstation. Wie der Name schon sagt, gibt es hier viele Seehunde: solche, die dauerhaft gehalten werden, sowie die Heuler*.

So kann ein Tag im Juni sein:

5:30 h Schon früh wird die erste Fütterung für die Tiere vorbereitet. Für die jüngsten Seehunde wird ein spezieller Milchbrei angemischt. Die älteren Tiere bekommen bereits Heringsbrei und kleine Fischstücke.

6:00 h Vor der ersten Fütterung werden alle Seehunde in ihren Becken untersucht. Hierbei werden Augen, Ohrlöcher, das Maul, die Flossen und der Bauchnabel kontrolliert. Milch und Brei werden mit Schlauch und Trichter gefüttert. Hierzu muss den Heulern ein weicher, biegsamer Schlauch eingeführt werden, da sie an einer Nuckelflasche nicht saugen würden. Die kleinen Fischstücke werden noch an Land gefüttert, weil die Jungtiere erst lernen müssen, den Fisch zu schlucken. Wenn die Jungtiere den Fisch an Land gut fressen, wird im Wasser gefüttert.

7:00 h Die Heuler- und Quarantänebecken werden gereinigt und die Sandliegeflächen geharkt. Anschließend wird frisches Seewasser in die Aufzuchtbecken gefüllt. Die tägliche Reinigung der Becken ist sehr wichtig, damit sich keine Krankheiten ausbreiten können.

9:00 h Die ersten Besucher kommen in das Besucherzentrum. Sie können die dauerhaft in der Station lebenden Tiere beobachten und Informationen zu Seehunden, anderen Robben und Walen einholen. Der Bereich, in dem die Heuler aufgezogen werden, ist für sie nicht zugänglich. Denn die Heuler sollen sich nicht an Menschen gewöhnen. Sie brauchen auch viel Ruhe zwischen den Fütterungen.

* Heuler: Das sind Tiere, die während der Säugezeit dauerhaft von ihrer Mutter getrennt wurden. Sie werden in der Station aufgezogen.

S. 171 Textwerkstatt

Ein Heulerfund wird gemeldet. Jeder junge Seehund heult, denn das ist sein Kontaktlaut zur Mutter. Bevor man ihn auf die Station mitnimmt, muss man sorgfältig prüfen, ob der kleine Seehund wirklich alleine ist, und darf ihn keinesfalls anfassen. Denn am Heulen und am Geruch erkennt die Mutter ihr Junges.

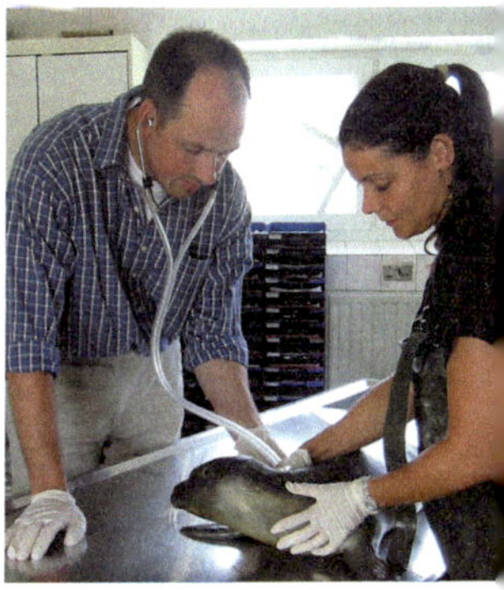

10:00 h Delf, der Seehundjäger, kommt mit dem Heuler in den Veterinärraum zu Jörg Driver. Es ist ein Weibchen, das zunächst gewogen und vermessen wird. Herzfrequenz und Atmung werden überprüft. Die Temperatur wird gemessen und Blut abgenommen. Sie hat eine kleine Verletzung am Auge, die mit Salbe behandelt werden muss. Zum Schluss bekommt sie eine Flossenmarke. Dann wird sie in ein Quarantänebecken gebracht und gleich gefüttert.

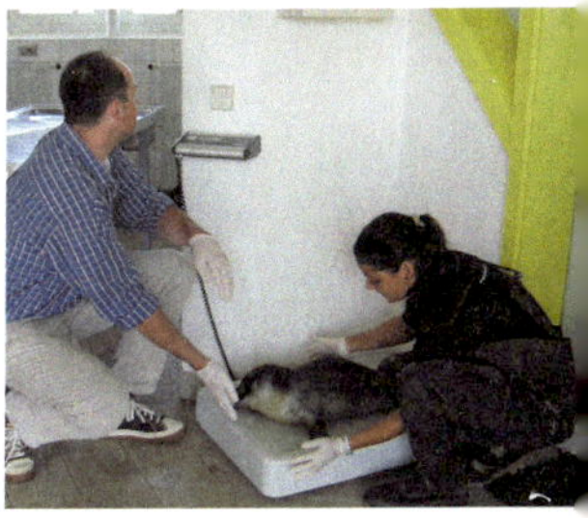

12:00 h Vor der nächsten Fütterung werden alle Seehunde gewogen. Dies wird einmal pro Woche gemacht, um Wachstum und Entwicklung der Tiere zu dokumentieren. Die Daten werden in einer Mappe gesammelt. Die Heuler sind zwischen zwei und drei Monate in der Station, bis sie ein Gewicht von 25–30 kg erreicht haben. Dies ist das normale Gewicht, das ein Jungtier nach der Säugezeit auf die Waage bringt. Mit dieser Speckschicht ausgestattet, können sie die ersten Wochen im Wattenmeer gut überstehen.

15:00 h Schon wieder werden die Heuler gefüttert. Danach muss der Fisch sortiert und in den Kühlschrank gebracht werden.

17:30 h Fütterung der Dauerhaltungstiere. „Lümmel“ hat Durchfall. Jörg nimmt Proben, die er zur Untersuchung ins Labor schickt.

18:15 h Die Seehundstation schließt. Die Heuler werden erneut gefüttert. Die Futterpläne für den nächsten Tag müssen geschrieben und alle Notizen zu den Tieren aktualisiert werden.

20:00 h Abendbrot für die Heuler. Gegen 21:00 h ist Feierabend.

Frühling

Ronja Räubertochter – der Frühlingsschrei

Und dann brach der Frühling wie ein Jubelschrei über die Wälder und die Mattisburg herein. Der Schnee schmolz. In Strömen rann er von allen Bergwänden herab und suchte sich den Weg zum Fluss. Und der Fluss brauste und schäumte mit allen seinen Strudeln und Wirbeln und sang ein wildes Frühlingslied, das nie verstummte.

Der lange schreckliche Winter war vorüber. Und endlich konnte Ronja wieder in ihren Wald, nach dem sie sich so sehr gesehnt hatte.

Sie sang und pfiff, als sie durch das kalte Wasser des Bachs watete. Und dann lief sie, lief und lief bis zum Weiher. Und dort war Birk. Er lag ausgestreckt auf einer Felsplatte in der Sonne. Ronja wusste nicht, ob er schlief oder wach war, sie nahm einen Stein und warf ihn ins Wasser, um festzustellen, ob er das Plumpsen hörte. Er hörte es und sprang auf und kam ihr entgegen. „Ich warte schon so lange“, sagte er, und wieder spürte sie, wie die Freude in ihr aufflammte, die Freude darüber, dass sie einen Bruder hatte, der sie erwartete.

Und hier war sie nun und hatte sich kopfüber in den Frühling gestürzt. So herrlich war er um sie herum, ja, auch sie selber war ganz erfüllt von seiner Herrlichkeit, und sie schrie wie ein Vogel, laut und gellend, bis sie es Birk erzählen musste.
„Ich muss einen Frühlingsschrei schreien, sonst zerspringe ich. Hör doch! Du hörst doch wohl den Frühling!“

Eine Weile standen sie schweigend da und lauschten dem Zwitschern und Rauschen im Wald. Alle Bäume und alle Wasser und alle grünen Büsche waren voller Leben, von überall her erscholl das starke, wilde Lied des Frühlings.

Text: Astrid Lindgren
Bilder: Ilon Wikland

Erstes Rätsel

Vier Freunde bestimmen den Lauf der Welt.
Man kann sie nicht kaufen. Sie nehmen kein Geld.
Die Freunde verstehn sich (man kann's kaum verstehn),
obwohl sich die vier noch niemals gesehn.
Nie findest du zwei am selben Ort.
Wenn der eine naht, geht der andere fort.

Den ersten beschreibe ich, rate ihn frei,
dann legt dir ein Hase ein buntes Ei.

Er ist grün hinter den Ohren und grün auf dem Bauch.
Er atmet dich an mit wärmendem Hauch.
Er lockert die Erde mit zärtlicher Hand,
weckt Igel und Bären, lockt Vögel ins Land.
Er ist heiter und meistens weich und mild,
doch manchmal auch närrisch, verspielt und wild.

Karlhans Frank

Schneefall im Frühling
von den Baumästen sinken
weiße Kirschblüten

Elisabeth Zartl

S. 176 S. 185 Textwerkstatt

KV 58; ⊙ Hör-CD – Hör genau: Wie kann dieser Freund sein?

Er ist's

Frühling lässt sein blaues Band
wieder flattern durch die Lüfte.
Süße, wohlbekannte Düfte
streifen ahnungsvoll das Land.
Veilchen träumen schon,
wollen balde kommen.
Horch! Von fern ein leiser Harfenton!
Frühling, ja du bist's!
Dich hab ich vernommen.

Eduard Mörike

Großstadtfrühling

Der Frühling mit seiner Palette
ist durch die Straßen gestürzt.
Er hat ihre steinerne Glätte
mit Gelb und mit Grün gewürzt.

Georg Maurer

Frühling

Mit dem Akazienduft
fliegt der Frühling
in dein Erstaunen

Die Zeit sagt
ich bin tausendgrün
und blühe
in vielen Farben

Lachend ruft die Sonne
ich schenke euch wieder
Wärme und Glanz

Ich bin der Atem der Erde
flüstert die Luft

Der Flieder
duftet
uns jung

Rose Ausländer

Die drei Eierdiebe

Mitten in Berlin steht die Marienkirche. Vor ungefähr dreihundert Jahren hatten sich die Jungen aus dem Marienchor an einem kühlen Sonntag im April wieder einmal die Hälse wund gesungen und zum Dank nichts bekommen. Da beschlossen drei der Chorknaben, sich mit Eiern aus den Krähennestern oben am Glockenturm für ihre Mühe zu belohnen. Es waren der Wilhelm, der Nikolaus und der fahle* Hans.

Die drei schlichen die vielen Stufen zum Turm hinauf und schoben ein Brett durch eines der Turmfenster. Auf dieses Brett sollte einer der dreien klettern, während die anderen beiden es festhalten wollten. Der Plan war einfach – nur, wer der Dritte sein sollte und wer die beiden anderen, das war schwer zu entscheiden. Schließlich sagte der fahle Hans: „Na gut, ich mach 's!", und kroch auf das Brett hinaus, während der Wilhelm und der Nikolaus das Brett abstützten und festhielten.

Der fahle Hans las seelenruhig aus den Ritzen und Spalten des Glockenturms alle Eier aus den Nestern. Die Krähen flatterten aufgeregt um den Turm und machten so die Leute auf dem Neuen Markt darauf aufmerksam, was sich über ihren Köpfen abspielte. Alle sahen starr vor Staunen zum Glockenturm empor.

Endlich hatte der fahle Hans genug Eier in seine Manteltaschen gesteckt und wollte zurück in den Turm. Da riefen der Nikolaus und der Wilhelm:
„Sag erst, wie viele Eier du uns abgibst, vorher lassen wir dich nicht zurück."
„Kein einziges", rief der fahle Hans. „Seid ihr aufs Brett hinausgekrochen oder ich?"
„Haben wir das Brett festgehalten oder du?", antworteten der Nikolaus und der Wilhelm.

Es ging hin und her, und die drei Jungen konnten sich nicht einigen.
Der fahle Hans beharrte darauf, alle Eier für sich zu behalten.

* Früher bedeutete das Wort fahl blond.

S. 171 Textwerkstatt

Nicht einmal die Drohung der beiden anderen, dass sie ihn mitsamt dem Brett auf den Neuen Markt hinabstürzen lassen würden, konnte ihn erweichen. Er glaubte nämlich nicht, dass der Nikolaus und der Wilhelm das wirklich fertigbrächten. Da wurden die beiden im Turm wütend – und taten es doch. Und der fahle Hans stürzte unter den entsetzten Schreien der Leute von der höchsten Höhe des Turmes hinunter.

Da er jedoch einen weiten, zugeknöpften Mantel trug, fing sich der Wind im Mantel und hemmte den Fall dermaßen, dass aus dem Sturz ein Flug und aus dem Flug ein Schweben wurde und der fahle Hans sicher und sanft auf dem Neuen Markt landete. Für die Marktweiber und Hausfrauen war das, was sie eben miterlebt hatten, ein einziges Wunder, der fahle Hans jedoch tat nur, als flöge er jeden Nachmittag ein bisschen durch die Luft: Er schlug ein Ei auf, trank es aus und ging vergnügt davon.

Sage aus Berlin

Schülerzeitung-Spezial

„Fahrrad-Frühling“

Radfahrprüfung in den 4. Klassen

Unsere Reporter haben nachgefragt. Herzlichen Glückwunsch! Fühlt ihr euch jetzt sicherer im Straßenverkehr?

Carolin: Ja, richtig sicher! Vorher war es kompliziert mit den vielen Verkehrsschildern.

Irem: Die Polizisten haben uns alles richtig gut erklärt.

Was war schwerer, die vielen Verkehrsregeln zu lernen oder die praktische Fahrprüfung?

Wibke: Ich war bei der praktischen Prüfung erst sehr aufgeregt, aber dann war es doch ganz leicht. Ich kannte ja die Strecke, weil wir sie geübt hatten.

Lukas: Die Verkehrsregeln zu lernen war schwer, weil ich mir die Schilder schlecht merken konnte.

Was hat euch am Radfahrtraining besonders gefallen?

Marcel: Mir hat das Arbeitsheft zum Radfahrtraining gut gefallen. Da waren viele Bilder und genaue Erklärungen drin.

Carolin: Das Üben auf der Straße hat mir besonders gefallen.

Für Radfahrer ist in unserer Stadt schon viel getan worden. Trotzdem: Was sollte eurer Meinung nach verbessert werden?

Wibke: Für mich sind die Radwege am wichtigsten. Ich bin nicht ganz so sicher, wenn ich auf den großen Straßen fahre.

Lukas: An manchen Straßen stehen keine Ampeln und man kommt so schlecht drüber, gerade da, wo viele Autos sind.

Ihr wisst ja: Bis zum Alter von 10 Jahren dürft ihr bei brenzligen Situationen den Gehweg benutzen. Und jetzt viel Spaß beim Radfahren!

Welches Rad passt zu dir?

Bevor du dich für ein bestimmtes Fahrrad entscheidest, solltest du erst einmal überlegen, wofür du es benutzen willst und wo du damit fahren möchtest.

Mountainbike

Wenn du auf dem Land wohnst oder die Landschaft bei euch hügelig ist, dann kannst du ein Fahrrad mit vielen Gängen gut gebrauchen, beispielsweise ein Mountainbike.
Das hat außerdem breite Reifen mit Stollen. Sie sind hilfreich, wenn du durch matschige Wiesen oder über aufgeweichte Feldwege fahren willst. Je breiter die Reifen sind, desto schwergängiger ist das Rad allerdings. Wenn du ein Mountainbike kaufst, musst du darauf achten, dass es straßentauglich ist. Es muss also mit Licht, Schutzblechen und Reflektoren ausgestattet sein.

Rennrad

Das Rennrad erkennst du an den sehr schmalen Reifen, dem dünnen Rahmen und dem nach unten gebogenen Rennlenker. Es ist ein sehr leichtes Rad, mit dem du schnell vorwärtskommst. Wegen der schmalen Reifen und der geringen Federung ist es weniger für unebene Wege, sondern eher für feste Straßen geeignet. Auf diesem Rad sitzt du stark gebeugt und deine Füße stecken in Fußhaken.

All-Terrain-Bike

Wenn du in der Stadt wohnst und die Gegend eher flach ist, brauchst du nicht so viele Gänge und benötigst eher schmale Reifen. Dann ist vielleicht ein All-Terrain-Bike (kurz: ATB), ein Trekkingrad oder ein Rad mit 5 Gängen am besten für dich. Ihre Rahmen sind immer dünner als beim Mountainbike und dicker als beim Rennrad. Du sitzt aufrecht und hast dadurch einen guten Überblick. Wenn du dein Rad eher als Fortbewegungsmittel und weniger als Sportgerät nutzen möchtest, ist dir mit diesen Fahrradtypen am besten gedient.

Dorothee Meyer-Kahrweg

Textwerkstatt S. 175

Detektivgeschichten

Spy Eye verschwindet

Spy Eye, die Wundermaschine
Dem britischen Erfinder Dr. Fletchstone ist mit seinem Spy Eye ein großer Wurf gelungen. Spy Eye ist eine Art Sensor, der durch Wände hindurchsehen kann und anzeigt, was sich dahinter befindet. Soeben ist Dr. Fletchstone am Flughafen von New York angekommen, um das einzigartige Gerät der New Yorker Polizei zu übergeben. Es soll bei der Jagd auf Verbrecher wertvolle Dienste leisten.

Kalle und Gitta wollen noch etwas länger in New York bleiben und müssen darum ihre Flugtickets verlängern lassen. Am Eingang der Flughafenhalle werden sie fast von drei Männern und einer Frau umgerannt, die sich mit einem Koffer durch die Menge zwängen. „Die haben es aber eilig", meckert Gitta und schaut ihnen nach. Im Gebäude stürmt ein weiterer Herr an ihnen vorbei. „Help! My suitcase, I can't find my suitcase", schreit er.

„Den kenne ich doch", grübelt Gitta, „das ist Dr. Fletchstone, der berühmte britische Erfinder! Er scheint seinen Koffer nicht finden zu können. Ob die eiligen Typen von vorhin etwas damit zu tun haben?" „Excuse me", beginnt Kalle. „Maybe we can help!" Die beiden erzählen Dr. Fletchstone, so gut sie können, von ihrer Beobachtung am Eingang. Bei der Beschreibung des Koffers beginnen die Augen des Erfinders zu leuchten. „That's my suitcase", stammelt er.

S. 172 Textwerkstatt

So erfahren Kalle und Gitta von Fletchstones Erfindung. „Die Halunken müssen von dem genialen Gerät Wind bekommen haben", sagt Kalle. „Nur gut, dass wir aufgepasst haben und uns ihre Gesichter eingeprägt haben!"

Wenig später können sie bei police chief Benson ihr Gedächtnis unter Beweis stellen und die vier Gauner in der Verbrecherkartei ausfindig machen. Wie heißen die drei Männer und die Frau?

Text und Bilder: Jürg Obrist

⊙ Hör-CD – Hör genau:
Was ist in dem Koffer?

Lösung S. 207

Das Morse-Alphabet

Im Jahre 1838 hatte der Amerikaner Samuel Morse eine großartige Idee. Er erfand eine Zeichenschrift, mit der man Nachrichten versenden kann, ohne Buchstaben zu benutzen. Das Morse-Alphabet besteht nur aus Strichen und Punkten. Die Zeichen werden von einem Morsegerät in Töne umgewandelt oder mit Lichtsignalen, zum Beispiel mit einer Taschenlampe, übermittelt.
(Punkt = kurz blinken, Strich = lang blinken)

A	• –	I	• •	R	• – •
Ä	• – • –	J	• – – –	S	• • •
B	– • • •	K	– • –	T	–
C	– • – •	L	• – • •	U	• • –
CH	– – – –	M	– –	Ü	• • – –
D	– • •	N	– •	V	• • • –
E	•	O	– – –	W	• – –
F	• • – •	Ö	– – – •	X	– • • –
G	– – •	P	• – – •	Y	– • – –
H	• • • •	Q	– – • –	Z	– – • •

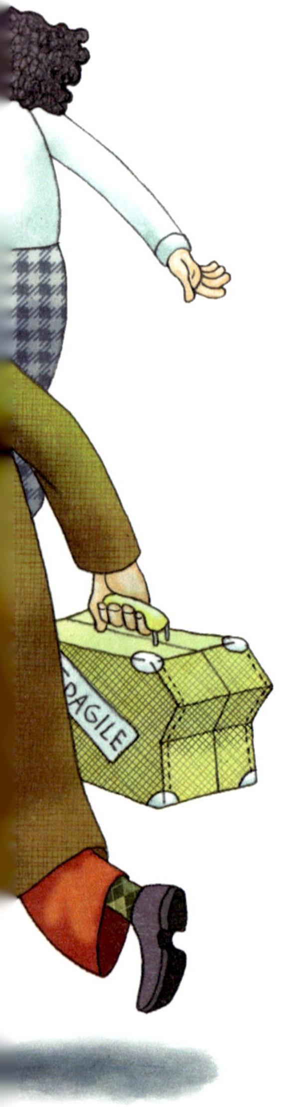

www.blinde-kuh.de
„morsen"

So heißen die vier Gauner, die Kalle und Gitta in der Kartei entdeckt haben:

• – – –   •   • – •   • – •   – • – –

• • •   –   • –   – •   • • •   • • –   •

– – – –   • • –   – • – •   – • –

Fingerabdruckpulver

Wenn du genau hinschaust, entdeckst du, dass jeder Mensch andere Fingerabdrücke hat. Am besten siehst du das mit einer Lupe. Finger sind immer ein bisschen fettig und hinterlassen feine „Stempelabdrücke“ auf glatten Flächen. Fingerabdruckpulver haftet genau da, wo jemand hingefasst hat, und macht den Abdruck sichtbar. Manchmal können so verdächtige Personen überführt werden.

Zutaten:

- Bleistifte
- Schleifpapier
- kleine Dose mit Deckel
- weicher Pinsel
- durchsichtiges Klebeband
- Lupe

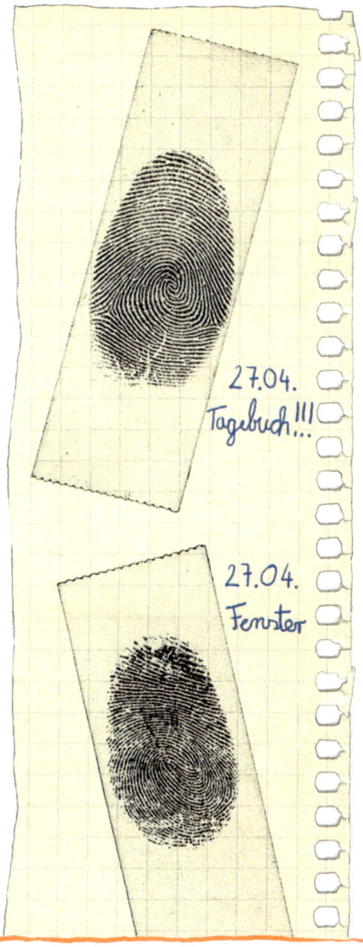

Zuerst das Pulver raspeln:

Mit den Bleistiften so lange über das Schleifpapier „malen“, bis ein ansehnlicher Haufen Grafit-Staub entstanden ist. Den Staub vorsichtig in das Döschen abfüllen.

Dann Fingerabdrücke abnehmen:

1. Weichen Pinsel in den Grafit-Staub tauchen und leicht über ein verdächtiges Objekt tupfen.
2. Falls ein Fingerabdruck sichtbar wird, Klebestreifen draufdrücken, abziehen und in den Notizblock kleben. Fundort danebenschreiben.

Detektive brauchen natürlich eine Fingerabdruckkartei. Dafür von allen verdächtigen Personen mit einem Stempelkissen Fingerabdrücke nehmen. Dann kann man die Fingerabdrücke der Kartei mit den gefundenen Abdrücken vergleichen.

Antje von Stemm

Kwiatkowski, Privatdetektiv

Wer mich kennt, weiß, dass ich am liebsten allein arbeite. Die Einzige, die sich in meine Ermittlungen einmischen darf, ist meine alte Freundin Olga. In ihrem Kiosk hält sie nicht nur meine geliebten Carpenter's Kaugummis vorrätig, sie versorgt mich auch immer mit guten Tipps.

Olga öffnet ihren Kiosk immer um Punkt sechs Uhr morgens. Als Erstes hebt sie das schwere Eisengitter vom Thekenfenster. Dann schließt sie die drei Spezialschlösser der Hintertür auf und holt die neuen Zeitungen und Zeitschriften herein, die in großen Stapeln vor dem Kiosk liegen. Nachdem sie die Blätter in die Zeitungsständer gesteckt hat, gießt sie sich aus einer Thermoskanne Kaffee ein und wartet auf den ersten Kunden.

Das ging so bis zu einem Samstag im Mai. Ich hatte an diesem Tag nichts Besseres vor und beschloss, Olga zu besuchen.

„Eine Limo?", fragte Olga, als ich vor ihrem Kiosk stand.

Ich nickte.

„Geht auf Kosten des Hauses", sagte sie, als sie mir das Glas hinstellte.

Ich bedankte mich und nahm einen großen Schluck.

„Ich brauche dich, Kwiatkowski", fuhr Olga fort. „Ich bin bestohlen worden."

„Fehlt Geld aus deiner Kasse?", fragte ich. War das mein neuer Fall? Es sah ganz so aus.

„Nein. Zeitungen."

„Wie aufregend!", sagte ich enttäuscht und trank mein Glas aus.

„Kriegst du für mich raus, wer das gewesen ist?" Olga griff hinter sich und legte fünf Päckchen Carpenter's auf die Theke.

Ich schüttelte den Kopf.

„Erpresser", murmelte sie und legte widerwillig drei weitere Päckchen hinzu. Wieder schüttelte ich den Kopf. Seufzend erhöhte sie das Honorar auf zehn Päckchen.

„Schieß los", sagte ich.

„Was ist passiert?"

S. 175 Textwerkstatt

So erfuhr ich, dass sie am Morgen beim Öffnen des Kiosks entdeckt hatte, dass fünf Pakete mit verschiedenen Tageszeitungen aufgerissen worden waren. Aus jedem Stapel hatte eine einzige Zeitung gefehlt.

Als ich den Kiosk erreichte, zeigte meine Armbanduhr halb vier. Aus den Gullys stieg weißer Nebel, die Kälte kroch in den Kragen meiner Jacke. Ich versteckte mich hinter einem der Büsche gegenüber dem Kiosk. Eine halbe Stunde später hielt ein Lieferwagen mit der Aufschrift „SCHMIDTS PRESSEDIENST“. Ein Mann sprang heraus, öffnete die Hecktür und warf Pakete mit Zeitungen und Zeitschriften auf den Platz vor Olgas Kiosk. Dann brauste er mit quietschenden Reifen davon. Ich schaute mich vorsichtig nach allen Seiten um. Bis auf den weißen Dampf, der über den Gullys tanzte, war rings um mich herum keine Bewegung zu entdecken.

Doch auf einmal löste sich aus dem Schatten eines Modegeschäftes eine Gestalt. Im trüben Licht der Straßenlaternen konnte ich nur die Umrisse eines großen Menschen erkennen. Er trug eine dunkle Jacke und hatte eine Kapuze tief ins Gesicht gezogen. Mit wenigen Schritten war er bei den Zeitungsstapeln und riss einen nach dem anderen auf.

Was sollte ich tun? Etwa den Dieb zur Rede stellen? Er war zwei Köpfe größer als ich und bestimmt dreimal so stark. Nein, das Sicherste würde sein, ihn bis zu seiner Wohnung zu verfolgen und Olga die Adresse zu geben. Viel weiter kam ich mit meinen Überlegungen nicht. Denn in diesem Augenblick klemmte sich der Dieb die Zeitungen unter den Arm und rannte los. Der Mensch legte ein höllisches Tempo vor, der Abstand zwischen uns vergrößerte sich immer mehr. Und in dem Straßengewirr zwischen Rathaus und Polizeipräsidium verlor ich ihn. Schwer atmend blieb ich stehen.

Lösung S. 207

In diesem Augenblick drang mir ein Geruch in die Nase, der mir bekannt vorkam. Es war dieselbe Mischung aus Kacke, Urin, saurer Milch und faulen Äpfeln, die ich am Kiosk gerochen hatte. Ich schnüffelte wie ein Trüffelschwein jeden Zentimeter ab – und stellte fest, dass der Gestank genau in einem Gully verschwand. Der Zugang zur Unterwelt befand sich neben dem Eingangsportal einer Tiefgarage, das verschlossen war. Und noch etwas entdeckte ich: Neben dem Gully hatte jemand eine filterlose Zigarettenkippe weggeworfen. Die Plastiktüte mit den Beweisstücken, die ich am Tatort eingesammelt hatte, lag zu Hause auf meinem Schreibtisch. Trotzdem wäre ich jede Wette eingegangen, dass es sich um dieselbe Zigarettenmarke handelte wie die, die ich vor Olgas Kiosk gefunden hatte.

Ohne groß darüber nachzudenken, hob ich den Gullydeckel hoch. Dann schob ich ihn mit einiger Mühe zur Seite und setzte meinen Fuß vorsichtig auf die oberste Sprosse einer einbetonierten Leiter, die in die Dunkelheit hinunterführte. Nach zwanzig Sprossen landete ich auf einem glitschigen Boden. Obwohl durch die Gullyöffnung ein wenig Licht fiel, konnte ich kaum etwas erkennen. Ich holte meine Taschenlampe aus der Westentasche, knipste sie an – und fand mich von einer Sekunde zur anderen in einer fremden, unheimlichen Welt wieder. Vor mir plätscherte ein Bach von nicht zu beschreibender Farbe durch ein Meter breites Bett aus Beton. Die Wände links und rechts des Bachs waren mit roten Steinen hochgemauert, der Putz an dem Gewölbe über mir war an einigen Stellen heruntergefallen. Ich ließ das Licht der Lampe nach links und rechts wandern.

Versteckte sich der Zeitungsdieb dort irgendwo in einem der Abwasserkanäle? Verschwand er in der Kanalisation, wenn er sich verfolgt fühlte? Hatte er überhaupt gemerkt, dass ich hinter ihm her war? Wie sollte ich ihn in diesem Labyrinth finden?

Jürgen Banscherus

Ein rätselhafter Vorfall

Es ist unglaublich. Kann mir jemand erklären, was geschehen ist? Den dritten Tag schon liege ich vor Angst schlotternd auf dem Sofa und verstehe nicht, was los ist. Und das kam so.

An der Wand in meinem Zimmer hängt ein Brustbild meines Freundes Karl Iwanowitsch Schusterling. Vorgestern beim Saubermachen nahm ich das Bild von der Wand, entstaubte es und hängte es zurück an die Wand. Dann trat ich ein paar Schritte zurück, um zu sehen, ob es nicht etwa schief hängt. Aber beim Hinsehen bekam ich Gänsehaut, und die Haare standen mir zu Berge.

Anstelle von Karl Iwanowitsch Schusterling schaute ein bärtiger Alter mit bescheuerter Mütze von der Wand. Ich rannte schreiend aus dem Zimmer. Wie konnte sich Karl Iwanowitsch Schusterling binnen Minuten in diesen komischen Rübezahl verwandeln? Das kann mir keiner erklären …

Oder könnt ihr mir vielleicht sagen, wo mein geliebter Freund Karl Iwanowitsch Schusterling abgeblieben ist?

Text: Daniil Charms / Bild: Vitali Konstantinov

Lösung S. 207

Was niemand wissen kann

Es gibt ein Gespenst,
das du nicht kennst.
Aber es kennt dich!

Ist der Gedanke nicht fürchterlich?

Es gibt ein Tier,
das ist niemals hier.
Wenn du da bist, ist es dort.
Mit einem Wort, es ist immer schon fort.

Drum brauchst du gar nicht zu probieren,
ihm nachzuspionieren.

Es gibt ein Insekt,
das sich gut versteckt,
dass man's bis heute nicht hat entdeckt.

Es hinterlässt nirgends die kleinste Spur.
Und man erkennt es eigentlich nur
an einer Art Loch in der Natur.

Martin Auer

www.freizeit

Das ist ein Buch!

Was hast du denn da?

Das ist ein Buch.

Und wie scrollst du vor und zurück?

Ich scrolle überhaupt nicht.

Ich schlage die Seiten um. Das ist ein Buch.

Kannst du damit bloggen?

Nein – das ist ein Buch.

Kannst du mit den Figuren kämpfen?

Nö. Das ist ein Buch.

Kannst du damit simsen?

Nein.

Twittern?

Nein.

WLAN?

Nein.

Kannst du das hier?

Nein … das ist ein Buch.

Schau mal her!

»Arrrrrrrr«, knurrte Long John Silver, »wir verstehen uns also richtig?« Er zog sein funkelndes Entermesser aus der Scheide und lachte wie ein Verrückter: »Ha! Ha! Ha!« Jim war wie versteinert. Das war's also. Plötzlich sah er am Horizont ein Schiff auftauchen! Ein breites Grinsen zog über das Gesicht des jungen Burschen.

Was kann das Buch noch?

Braucht es ein Passwort?

Nein.

Braucht es einen Nickname?

Nein.

Das ist ein Buch!

Text und Bilder: Lane Smith

Computer-Glossar

It's English! Why that?

Blog: kurzes Wort für Web und Logbuch.
Web ist der englische Begriff für Netz: gemeint ist hier das Internet; ein Logbuch ist eine Art Tagebuch.
bloggen: im Internet ein Tagebuch schreiben

chatten heißt übersetzt so viel wie „plaudern" oder „quatschen". Im Internet gibt es virtuelle Räume, die Chatrooms. Dort könnt ihr miteinander chatten. Von eurem Computer zu Hause schreibt ihr, was ihr einander mitteilen möchtet.

Nickname heißt übersetzt „Spitzname". Beim Chatten im Internet solltest du dir einen Nickname geben und nicht deinen richtigen Namen verwenden.

scrollen ist der englische Ausdruck für das Verschieben von Texten oder Bildern auf dem Bildschirm, zum Beispiel mit den Pfeiltasten oder mit dem Scrollrad der Maus.

simsen: eine SMS schreiben. SMS ist das englische Wort für Kurzmitteilung.
S= short M=message S=service

surfen: kommt von surf für „Brandung" und meint das Gleiten auf einer Wasserwelle. Wenn du im Internet surfst, klickst du dich von Seite zu Seite.

twittern bedeutet „zwitschern". Wer twittert, veröffentlicht kurze Nachrichten auf speziellen Internetseiten.

virtuell bedeutet, dass etwas nicht wirklich da ist, zum Beispiel ist ein Chatroom kein echter Raum.

WLAN: Wireless Local Area Network heißt wörtlich „drahtloses lokales Netzwerk". Statt mit einem Kabel werden die Signale per Funk übertragen. In manchen Ländern sagt man nicht WLAN, sondern Wi-Fi.

Das Spiel beginnt

Endlich war Ben zu Hause. Heute hat er das neue Computerspiel von seinem besten Freund bekommen. Ben hat es gegen das neue Sporttrikot, das er von seiner Oma geschenkt bekommen hatte, eingetauscht.
Er rannte in sein Zimmer, schmiss die Schultasche in die Ecke und nahm die CD-ROM aus der Hülle. Seine Hände zitterten, teils vor Aufregung, teils, weil er den ganzen Weg gerannt war. Dann schaltete er den Computer ein. Der Bildschirm flackerte. Ein kurzes Piepsen. Ben begann das Spiel zu installieren.
Schließlich meldete der Bildschirm:

DIE STADT DER KINDER

Das Superabenteuerspiel der Computergames GmbH

„Mach schon!“, brüllte Ben den Computer an. Endlich zeigte der Bildschirm eine Einkaufsstraße. In der unteren linken Ecke stand die Figur, die Ben mit dem Joystick bewegen konnte.
Er probierte die Bewegungsabläufe aus: links, rechts, nach vorn, nach hinten. Gut, es konnte losgehen. Also Joystick nach vorn.
Achtung vor den Autos. Die werden nämlich von Kindern gefahren, die keinen Führerschein haben. Deshalb waren sie unberechenbar. Plötzlich fiel ein Blumentopf aus dem zweiten Haus. Dicht neben der Figur prallte er auf die Straße und zersprang in tausend kleine Lichtpunkte, die sich auf dem Bildschirm in alle Richtungen verflüchtigten.
Das war knapp. Er musste vorsichtiger sein, denn bis zur vierten Spielebene war es noch ein langer Weg. Und dummerweise ließen sich die ersten, leichteren Spiellevels nicht überspringen. Nach jedem groben Fehler fing das Spiel von vorne an.

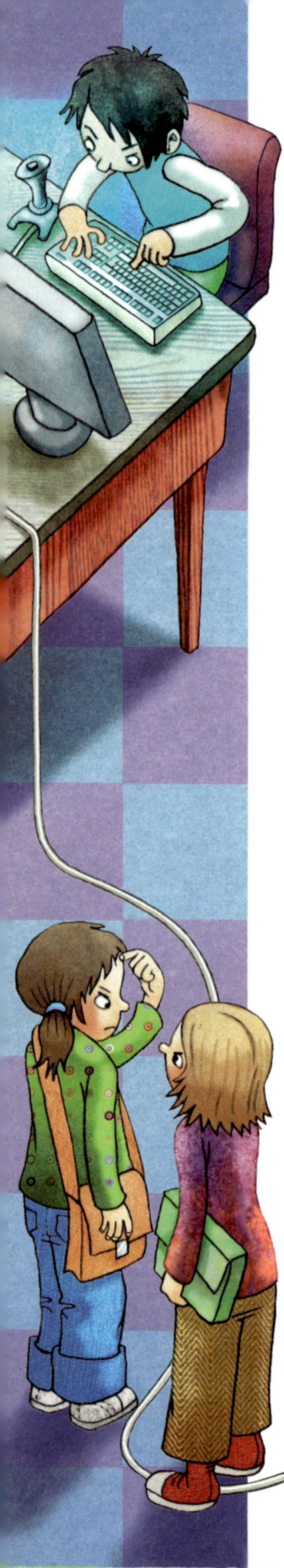

Entschlossen packte Ben den Joystick. Und schon … „rring-rring!“, klingelte es an der Haustür. Das waren Jennifer und Miriam, die für die Mathearbeit üben wollten. Langsam ging Ben einige Schritte auf die Zimmertür zu, ohne auch nur einen Augenblick den Bildschirm aus den Augen zu lassen. Wer weiß, welchen Schabernack der heimtückische Zauberer aus dem Spiel mit seiner Figur treiben würde?

Dann rannte er los, riss die Haustür auf, hechelte ein kurzes „Hallo“ hinaus und stürzte schnurstracks wieder zurück in sein Zimmer an den Computer.

„Verdammt!“, schimpfte Ben. „Das gibt’s doch gar nicht.“

„Was ist denn los?“, fragte Miriam, die sich darüber wunderte, dass Ben wie wild auf die Tasten haute.

Ben war ganz rot im Gesicht. Abwechselnd sah er Miriam und Jennifer mit verwirrtem Blick an. Schließlich stieß er einen tiefen Seufzer aus und sagte niedergeschlagen: „Der Zauberer ist weg!“ Damit war das Spiel beendet. Sooft er den Computer neu startete, wurden die Fehler im Spiel nur noch größer. Jetzt war nicht nur der Zauberer verschwunden, sondern es fuhren auch keine Autos mehr auf dem Bildschirm. Nur die kleine Figur hopste noch durch die Computerwelt.

„Ich hol mir mein Trikot von Frank wieder“, sagte er schließlich. „Das Spiel ist total kaputt.“

„Du und dein bescheuertes Computerspiel!“, schimpfte Jennifer. „Komm, Miriam, wir hauen ab. Mit dem ist heute sowieso nichts mehr anzufangen.“

Fast zwei Stunden saß Ben vor dem Bildschirm. Aber der Zauberer blieb verschwunden, das Spiel stand still. Allmählich bekam Ben Hunger. Komisch, dass seine Mutter noch nicht da war. Ben sah aus dem Fenster. Aber auf der Straße tat sich nichts. Dass überhaupt niemand auf der Straße war, kam Ben sehr merkwürdig vor.
Das gab es sonst nie! Irgendetwas musste los sein.
In Windeseile zog Ben sich Schuhe und Jacke an und stürmte hinaus. Er rannte zu Jennifer und klingelte Sturm an der Haustür. Aber auch Jennifer wartete seit über einer Stunde auf ihre Eltern. Plötzlich machten sich völlig verrückte Gedanken in Bens Kopf breit: Zum ersten Mal erscheint meine Mutter nicht zu Hause, auf der Straße fährt kein einziges Auto, die Stadt ist wie leer gefegt, in der Eisdiele ist niemand und Jennifers Eltern sind auch weg. Das ist …

„… wie im Computerspiel", sagte Ben plötzlich laut.

Es war wie in seinem neuen Computerspiel. Auch dort verschwinden von Bild zu Bild immer mehr Menschen aus der Stadt, und zwar nur die Erwachsenen. Aufgabe des Spiels ist es, mit der Figur so viele Kinder wie möglich zu versammeln und die Stadt zu retten. So geht das Spiel. Aber das Spiel war kaputt. Und seitdem vermisste er seine Mutter, wartete Jennifer auf ihre Eltern …

„Du meinst, dein Computerspiel ist Wirklichkeit geworden?", fragte Jennifer mit zitternder Stimme.

„Genau das meine ich, auch wenn es verrückt klingt."

Andreas Schlüter

Der verdrehte Schmetterling

Ein Metterschling
mit flauen Bügeln
log durch die Fluft.

Er war einem Computer entnommen,
dem war was durcheinandergekommen,
irgendein Drähtchen,
irgendein Rädchen.

Und als man es merkte,
da war's schon zu spätchen,
da war der Metterschling
schon feit wort,
wanz geit.
Mir lut er teid.

Mira Lobe

Comic-Zeichnen

Miau-TV macht Katzen schlau

Katzen in den USA, denen Plastikspielzeug und Wollknäuel zu langweilig werden, bekommen neue Unterhaltung. Freitagabend startet die erste TV-Show für Katzen.
„Miau-TV eignet sich auch für Leute, die von Katzen geduldet werden“, sagt der Anbieter.
Die erste Folge enthält Szenen mit Eichhörnchen und Fischen, Videos mit Katzen, die surfen, mit Stäbchen essen und Katzen-Yoga praktizieren.
Gesponsert wird die Show von einem Katzenfutter-Hersteller. Nach dessen Angaben leben in US-Haushalten 85 Millionen Katzen, von denen rund ein Drittel häufig vor dem Fernseher sitzt.

Gerda Anger-Schmidt

Werbespott

ALLES! Kaufen Sie *ALLES!*
ALLES – immer ein Gewinn!
ALLES! Ich hätt gern *ALLES!*
Für *ALLES* geb ich alles hin.
ALLES! Kaufen Sie *ALLES!*

Wer *ALLES* kauft, muss sich nicht sorgen,
Wer *ALLES* hat, muss sich nichts borgen,
Wer *ALLES* hat, der kann gut lachen:
Mit *ALLES* kann man alles machen!

ALLES! Kaufen Sie *ALLES!*
ALLES – immer ein Gewinn!

ALLES! Ich hätt gern *ALLES!*
Mit dem ich sehr zufrieden bin
Und das ich niemals tauschen würde!
ALLES! Ich bleib bei *ALLES!*

Michail Krausnick

S. 177 Textwerkstatt

⊙ Hör-CD – Hör genau: Wer von euch kann am besten für ALLES werben?

Cool Boy

Christine Nöstlinger

Und wie ist der Cool-Teacher?

Heute gehen wir die Wände hoch

Einfach mal an die Decke gehen? Die Wand hochklettern wie Spiderman? Kein Problem für Karo und Luisa. Die beiden gehen heute in die Kletterhalle. Dort sind sie zu einem *Boulder*-Schnupperkurs angemeldet. *Bouldern* ist noch einfacher als klettern. An farbigen Griffen ziehen sich die Mädchen aus eigener Kraft hoch und klettern geschickt am Kunstfelsen entlang. Karo versucht, nur die roten Griffe zu benutzen. Luisa hat sich für die leichtere Kletterstrecke entschieden. Es ist ein superstarkes Gefühl, wenn man eine lange Grifffolge geschafft hat, ohne den Boden zu berühren. Für das *Bouldern* ist keine Sicherung am Seil notwendig. Und wenn Spider-Karo doch mal abrutscht, landet sie weich auf einer dicken Matte.

Das packen Karo und Luisa ein:

Sportkleidung und Hallenturnschuhe
Haargummi für Luisas lange Haare
Einverständniserklärung der Eltern

Boulder ist englisch und heißt übersetzt „Felsbrocken". Gemeint sind hier Felsblöcke oder künstliche Wände, an denen man klettert und die nie höher als ein paar Meter sind.

Weltreise durchs Zimmer

Ihr bindet einen Schleier vors Gesicht
und sagt, ihr müsstet unbedingt verreisen
nach Madagaskar, Schottland oder Meißen.
Wohin, ist Wurst. Nur bleiben dürft ihr nicht.
Dann seid ihr reisefertig, und ihr müsst
den Tisch behutsam auf den Rücken legen.
Und ihr besteigt das Schiff der Abfahrt wegen,
wobei ihr Hertha, die nicht mitfährt, küsst.
Dann schifft ihr fort. Das Tischtuch weht im Wind.
Der Teppich schlägt mit Herthas Hilfe Wellen.
Ihr stoßt auf Rom und kreuzt die Dardanellen,
wo wilde Völkerstämme üblich sind.
Das Seekrankwerden lasst ihr besser sein.
Es ist nicht leicht und ruiniert die Sachen.
Ihr braucht die Reise nicht so echt zu machen
und lauft dann schnell in Madagaskar ein.
Das Sofa stellt den Felsenrücken dar.
Dort könnt ihr (wenn die Eltern fort sind) stranden,
sonst ist es klüger, ungestört zu landen.
Am Ufer schreit ihr laut: Wie wunderbar!
Wenn ihr dann eine Zeitlang fröhlich wart,
vom Schrank herab auf Löwen zieltet
und Mutters Zopf für eine Schlange hieltet,
geht ihr zum Tisch, auf dem ihr heimwärts fahrt.
Zu Haus erzählt ihr, wie es euch gefiel:
Erzählt von Sonnenstich und Menschenfressern,
von Nasenringen, Gift und krummen Messern –
doch das ist eigentlich ein neues Spiel!

Erich Kästner

Wie wir leben

Sag mir, wie ist Afrika?

Papa Dembo ist mein Großvater,
Geschichten erzählt er besser als jeder andere.

Sag mir, Papa Dembo, sag mir, welche Farbe hat Afrika?

Afrika, kleiner Chaka? Afrika ist schwarz wie meine Haut,
rot wie die Erde, weiß wie das Licht am Mittag,
blau wie der Schatten am Abend,
gelb wie der große Fluss, grün wie die Fächer der Palme.
Afrika, kleiner Chaka, hat alle Farben, die das Leben kennt.

S. 177 Textwerkstatt

Erzählc, Papa Dembo,
erzähl mir vom Beginn der Regenzeit.

Der Beginn der Regenzeit, kleiner Chaka!
Um zu begreifen, wie es ist,
wenn die Regenzeit beginnt,
musst du die Monate ohne Regen erlebt haben,
ohne einen einzigen Tropfen Regen, wenn die Hitze
so stark ist, dass der Erdboden in Wellen flimmert.
Stell dir vor, kleiner Chaka, alle Wasserstellen trocken,
die Erde rissig wie Elefantenhaut,
die Gräser trocken wie Heu
und das Wasser so kostbar wie Gold.
Und dann, eines Tages, wird die Luft schwer,
reglos und schwer. Nicht zum Atmen.
Und der Himmel verdunkelt sich mehr und mehr,
wie die Nacht bei Tag, wie das Ende der Welt.
Ein großer Tropfen zerplatzt auf dem Boden, patsch!
Und noch einer, patsch!
Und noch ein anderer, tausend andere.

Es regnet, kleiner Chaka, es regnet!
Und in der Wildnis dampft der Erdboden vor Freude.

Text: Marie Sellier
Bilder: Marion Lesage

Wie ist es, wenn der Regen fällt? Sammelt Regenwörter.

Spiele aus Afrika

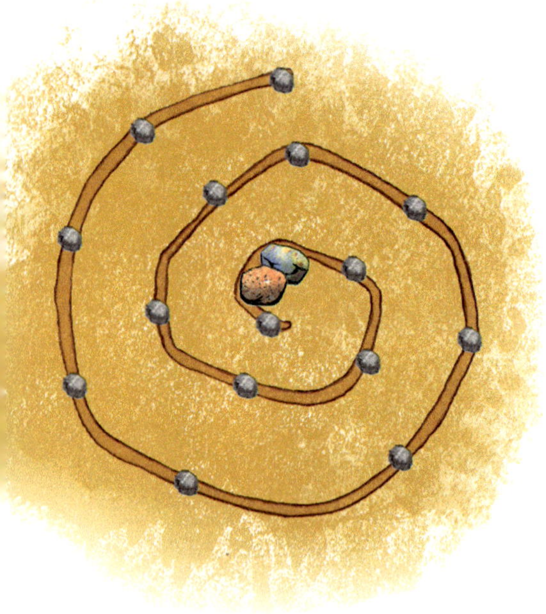

Steinspiel für zwei Kinder

Jedes Kind braucht zwei Steine, einer kommt in die Mitte des Schneckenhauses, der andere wird in einer Hand versteckt. Das jüngere Kind rät, in welcher Hand das andere Kind den Stein hält. Rät es richtig, darf es mit seinem Stein zur nächsten Markierung in der Schnecke rücken. Rät es falsch, schiebt das andere Kind seinen Stein weiter. Wer verlässt das Schneckenhaus als Erstes?

Wechselt euch beim Raten ab.

Murmelspiel für zwei Kinder

Mit Sand oder Erde baut ihr einen kleinen Hügel. Da hinein drückt ihr eine Rinne, die in einer flachen Grube mündet. Das ältere Kind beginnt. Es lässt seine Murmel die Rinne hinunter in die Grube rollen. Das andere Kind schickt seine Murmel hinterher. Trifft sie die Murmel in der Grube, darf es beide herausnehmen. Trifft die Murmel nicht, versucht das erste Kind sein Glück. Wenn seine Murmel eine oder zwei Murmeln berührt, darf es alle drei Murmeln nehmen. Dann beginnt das Spiel von vorne.

Astrid Hille und Dina Schäfer

S. 177 Textwerkstatt

Mandela und Nelson

Ich gehörte nie zu denen, die ihre Schwester grundsätzlich ablehnen. Aber wer selbst eine hat, kennt die Vor- und Nachteile. In meinem Fall lagen die Dinge so: Während ich um sechs Uhr morgens für meinen Papa mit dem klapprigen Handwagen loszog, um Futter für seine Tiere zu besorgen, stand sie vor dem Spiegel.

Aber was regte ich mich auf? Ich hatte jeden Morgen alle Hände voll zu tun. Zwanzig Minuten bevor die Schule begann, musste ich zurück sein und Papa alle Frösche, Ratten, Mungos und Eidechsen, die ich gefangen hatte, abliefern. Wenn ich ihn auf Gerechtigkeit ansprach und dass sich Mandela ja mal beteiligen könnte, knurrte er: „Einem Mädchen kann man solche Arbeiten nicht zumuten, mein lieber Sohn Nelson! Das ist Männersache!"

Damit du besser verstehst, wovon ich rede, muss ich erst einmal erzählen, dass es sich bei Mandela um keine normale Schwester handelt: Sie und ich wurden am gleichen Tag geboren, und zwar am 9. Mai. Wir sind Zwillinge. Der 9. Mai! Jeder in der Welt weiß, dass am 9. Mai 1994 Nelson Mandela erster schwarzer Präsident von Südafrika wurde. Mein begeisterter Vater hatte sofort die Idee, diesem Ereignis zu Ehren meine Schwester Mandela und mich Nelson zu nennen.

Zu allem Überfluss sahen Mandela und ich uns auch noch ähnlich, obwohl die meisten sagten, meine Schwester sei eine richtige Schönheit. Das hat zu mir noch niemand gesagt. Mandela war auch sonst anders als ich: Sie war immer vorlaut und prügelte sich bei jeder Gelegenheit. In unserer Mannschaft hatte sie als gefährliche Abwehrspielerin die meisten Roten Karten gesehen. Sie stolzierte über den Schulhof, als wäre sie ein Fernsehstar. Da hättest du mal die anderen Muslim-Mädchen sehen sollen! Die meisten liefen schüchtern und verschlossen herum.

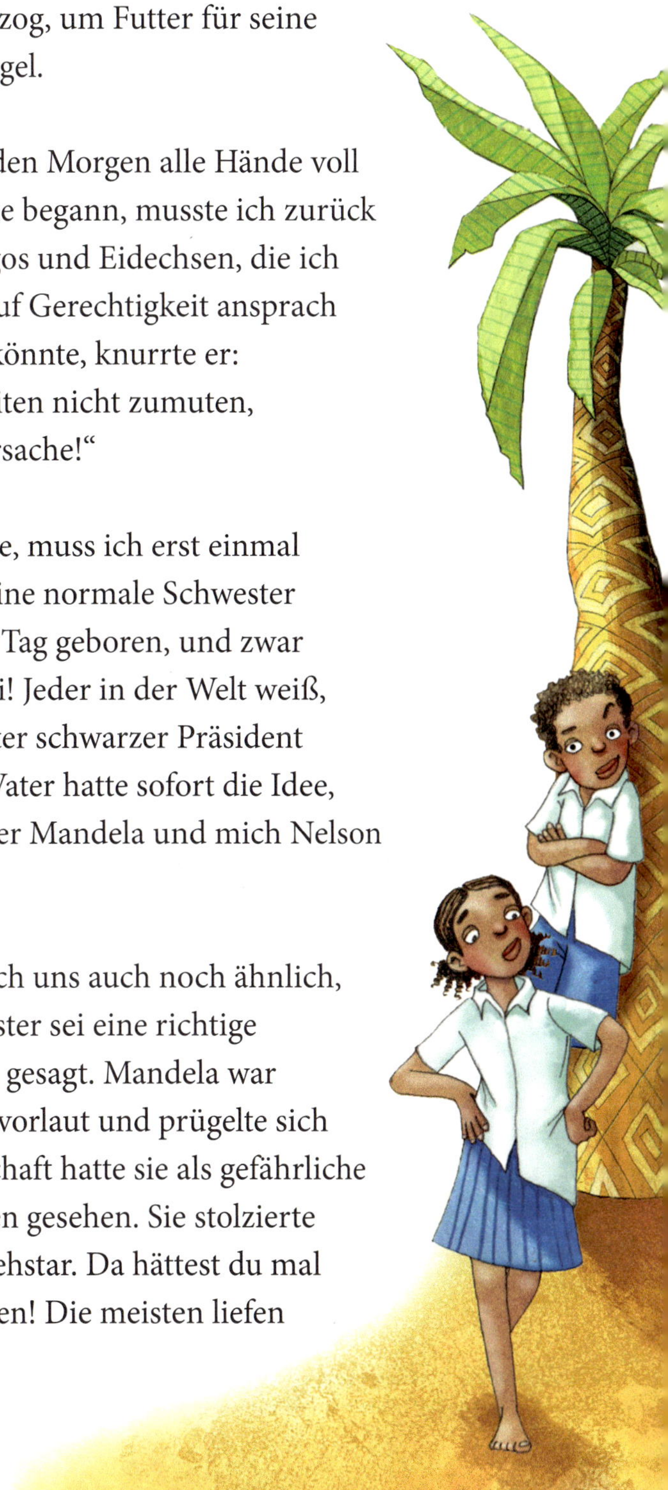

An dem, was ich so trieb, zeigte Mandela wenig Interesse. Obwohl das, was ich am Delta des Ruvu River und bei den Reisfeldern eingesammelt hatte, durchaus sehenswert war. Aber für Mandela war eine Ratte von fünfzig Zentimetern Länge keine Sensation.

Heute war keine Schule. Ich hatte mit Mandela verabredet, dass wir unseren Eltern nichts davon sagen würden. So ein halber Tag zum Herumstreunen war wunderbar. Ich wusste nicht, was Mandela vorhatte. Ich jedenfalls wollte zum Hafen, das heißt zum Strand. Vielleicht kam ein Schiff aus Sansibar oder ein Fischerboot mit einem riesigen Hai im Schleppnetz.

Regelmäßig suchten wir in der freien Zeit die Mauern vor den Hotels ab. Die verwöhnten Kinder der europäischen oder amerikanischen Touristen ließen unter den Palmen im Sand eine Menge Sachen liegen. Was diesseits der Mauer landete und nicht sofort zurückgeholt wurde, durfte man mitnehmen. Was wir selbst nicht brauchten, verkauften wir.

Es sah so aus, als ob es ein schöner Tag werden würde. Ich zog mit meiner Karre los und kam gut gelaunt auf unserem Hof an.
Papa trat aus dem Schuppen.
„Wann ist die Schule zu Ende?“, rief er mir nach. Ihm war gar nicht aufgefallen, dass ich meine Schulbücher nicht dabeihatte. Manchmal ist es nützlich, einen Analphabeten zum Vater zu haben.

Mama hat früher eine Schule besucht und dafür gesorgt, dass bei uns Bücher ins Haus kamen, englische und welche in unserer Sprache, Kisuaheli. Wenn ich abends im Bett lag, hörte ich oft, wie sie meinem Vater etwas vorlas.

Nein, Papa ist kein Dummkopf. Papa baute ein Terrarium für Schlangen. Er klärte uns auf: „Die Touristen aus Europa fahren alle in unseren Nationalpark Serengeti. Dort kriegen sie 'ne Menge Tiere zu sehen. Aber zu Afrika gehören auch Schlangen. Ich baue einen Zoo für Schlangen. Du, Nelson, kriegst von den ersten Einnahmen neue Turnschuhe. Und du, meine liebe Mandela, ein wunderbares Kleid aus Seide." Dann umarmte er stürmisch unsere Mutter. „Dir kaufen wir das Fahrrad, das du dir schon so lange gewünscht hast." Auf die neuen Turnschuhe warte ich noch heute. Mama hat inzwischen ihr Rad bekommen. Du solltest mal sehen, wie stolz sie damit zum Markt radelt und von allen beneidet wird.

Ich war also unterwegs zum Strand. Am Wasser traf ich Yakobo. Er hatte einen riesigen Tintenfisch in beiden Händen. Er verkaufte die Tintenfische an die Restaurants, fing sie aber nur, wenn er dringend Geld brauchte. Er war so ungefähr der faulste Zwölfjährige, den du dir denken kannst.

Bei einigen Büschen sah ich *Mzee** Alex sein Boot reparieren. Der Alte ist ein Freund meines Vaters. „*Jambo**, *Mzee* Alex", grüßte ich ihn höflich. Ich schaute aufs Meer. Nur so. Es war schön, einfach mal auf das ruhige Wasser des Indischen Ozeans zu blicken. Warum er Indischer Ozean heißt, habe ich nie herausgefunden. Ich bin der Meinung, er sollte *Afrikanischer* Ozean heißen. Wie die Inder ihn auf ihrer Seite nennen, ist mir ziemlich egal. Sind wir hier in Afrika? Oder wo?

Hermann Schulz

* *Mzee:* höfliche Anrede für weise alte Männer oder Frauen
* *Jambo:* Guten Tag

Wenn ich eine Wolke wäre

Wenn ich eine Wolke wäre,
Segelt' ich nach Irgendwo
Durch die weiten Himmelsmeere
Von Berlin bis Mexiko.
Blickte in die Vogelnester,
Rief die Katzen auf dem Dach,
Winkte Brüderchen und Schwester
Morgens aus dem Schlafe wach.

Wenn ich eine Wolke wäre,
Zög ich mit dem Wüstenwind
Zu den Inseln, wo die Menschen
Gelb und mandeläugig sind
Oder braun wie Schokolade
Oder mandarinenrot,
Wo die Kokosnüsse wachsen,
Feigen und Johannisbrot.

Mascha Kaléko

S. 184 Textwerkstatt

Der Weltkindertag

Wusstet ihr, dass es einen Kindertag gibt? Die Vereinten Nationen, also die Gemeinschaft der Staaten der Welt, haben 1954 vorgeschlagen, den Weltkindertag einzuführen. Jedes Land durfte sich das Datum selbst aussuchen. So kommt es, dass es weltweit viele Kindertage gibt. Und weil es damals noch zwei deutsche Staaten gab, die Bundesrepublik und die DDR*, gibt es bis heute in Deutschland auch zwei Kindertage. Offiziell ist der deutsche Weltkindertag am 20. September. Im Osten des Landes – und auch im Osten Berlins – wird er aber am 1. Juni gefeiert, denn dieses Datum hatte sich die DDR ausgesucht. Wie der Tag genau gefeiert wird, kann jeder Staat selbst entscheiden. Die Grundidee ist aber überall gleich: An diesem Tag geht es um die Probleme und die Rechte der Kinder. Es ist also nicht nur ein fröhlicher Tag. Selbst in Deutschland leben noch immer eine Million Kinder in Armut. Weltweit sind Millionen Kinder von Hunger bedroht. Und Millionen Kinder leben in Ländern, in denen Krieg herrscht.

* **DDR** war die **D**eutsche **D**emokratische **R**epublik.

Der Weltkindertag ist aber auch nicht nur ein trauriger Tag, denn schließlich erinnert er daran, dass jedes Kind Rechte hat. Die Vereinten Nationen haben 1989 diese Rechte in einer Erklärung aufgeschrieben: Kinder haben Anspruch auf einen besonderen Schutz, auf Bildung und eine angemessene Versorgung. Allen Kindern der Welt sollte es gut gehen – das war und ist das große Ziel. Damit das Wirklichkeit wird, muss sich natürlich noch viel ändern. Wichtig ist es aber, dass ihr über eure Rechte Bescheid wisst. Bei allen politischen Entscheidungen sollten eure Interessen berücksichtigt werden. Dazu haben sich die Staaten der Welt verpflichtet. Das ist doch schon ein Grund zum Feiern, oder?

Claudia von Salzen

Textwerkstatt S. 172

Leben vom Müll

Rosa, Mary, José und Ronaldo

Am Stadtrand von Manila, auf den Philippinen, qualmt und stinkt die Müllkippe immerzu. Rosa, Mary, José, Ronaldo sowie ganze Heerscharen von Kindern wühlen hier tagtäglich von morgens bis abends auf den Müllhalden nach verwertbarem Abfall und nach Essensresten. Sie arbeiten und leben auf dem Müllberg.

Jeder von ihnen versucht flink etwas in seinen Korb zu bekommen. Papier, Pappe, Bleche, Flaschen, Plastikkanister, Drähte, Dosen und nicht zuletzt Essensreste sind „wertvolle Funde", die etwas Geld bringen. Alles, was die Kinder hier sammeln, kann wiederverwertet werden oder wird an bestimmten Sammelstellen verkauft.

Aus Autoreifen entstehen Sandalen, aus Blechdosen Öllampen für das Haus, Kehrbleche und Reiben für den Haushalt.

Unermüdlich kratzen und scharren die Kinder mit ihrem Eisenhaken in den Abfallbergen herum. Mit den bloßen Händen ist das Wühlen eine Qual. Der beißende Qualm schmerzt.

Die Augen tränen. Und die Lunge kann man sich beinahe aus dem Leib husten. Es juckt und kratzt am ganzen Körper. Viele der Mädchen und Jungen leiden an Hautausschlägen.

Aber Geld für eine Heilsalbe haben sie nicht. Was sie hier im Müll der Reichen zusammenkratzen und an die Händler verkaufen, bringt ihnen einen Verdienst, der gerade für das Lebensnotwendige reicht, wenn überhaupt.

Manchmal zieht man sogar „das große Glück" aus dem Müll, eine Hose, einen Rock, ein T-Shirt oder einen großen Plastiksack. Aus diesem Fund hat die Mutter für Paulo eine prima Hängematte gemacht.

Ramón und Silverio

Nicht nur in Manila qualmt die Kippe, auch am Stadtrand von Guatemala in Zentralamerika. Ramón und Silverio arbeiten hier auf der Sammelstelle der Müllkippe. Sie zählen, wiegen, packen und stapeln die zusammengedrückten Kartons und Pappen, die von den Müllsammlern hierher gebracht werden. Viele Kinder auf der Kippe beneiden sie um ihren „Job".

Midinho, Bamba und Sangenia

Ein buntes Bild. Doch der Schein trügt. Hier ist kein belebtes Marktzentrum zu sehen, sondern ein Verkaufsstand am Rand der Müllhalde. Midinho, Bamba und Sangenia leben im Elendsviertel am Stadtrand von Maputo, der Hauptstadt von Mosambik, einem Land in Afrika.

Auch sie suchen auf dem Müll nach verwertbarem Abfall. Sie haben sich auf Dosen spezialisiert. Zusammen mit anderen Kindern verkaufen sie einmal in der Woche ihre Ware. Viel Geld bringt das nicht. Aber es reicht gerade zum Kauf von Hirse. Schließlich wollen doch zu Hause alle satt werden.

Kindermissionswerk „Die Sternsinger", Aachen

Enal aus Indonesien

Ein Hai als Haustier

Wenn Enal mit seinem Haustier spielen möchte, greift er zuerst zur Taucherbrille. Denn sein Spielgefährte, ein Riffhai, lebt im Meer, direkt unter dem Stelzenhaus, in dem Enal an der Küste der indonesischen Insel Wakatobi wohnt. Eine Absperrung zwischen den Stelzen verhindert, dass der Hai davonschwimmt. Angst vor dem Raubfisch hat Enal nicht. Schließlich gehört der Junge zu den Bajau, einem Fischervolk. Früher führten die Bajau ein Nomadenleben. Sie wohnten auf ihren Booten, fischten mit Speeren und tauchten ohne Atemgerät.
Enal kann genauso lange unter Wasser bleiben wie einst sein Großvater.

Sivtoi aus Kambodscha

Knoten in den Beinen

Sivtois Gelenke müssen aus Gummi sein! Mühelos kreuzt die Zehnjährige aus Phnom Penh, der Hauptstadt Kambodschas, ihre Unterschenkel und spreizt die Zehen – so als hätte sie keine Knochen, die brechen könnten. Dehnübungen wie diese leiten das Trainung an der Apsara-Tanzschule ein, wo Sivtoi jeden Tag drei Stunden lang die Schritte und Figuren des traditionellen Apsara-Tanzes übt.
Mit den geschmeidigen Bewegungen erzählen die Mädchen uralte Sagen, ohne dabei nur einmal den Mund zu öffnen. Bis die Tänzerinnen jedoch biegsam genug sind, vergehen Jahre. Zeit, in der Sivtoi Morgen für Morgen die Beine verknotet.

S. 173 Textwerkstatt

Schergaziew aus Kirgisistan

Schwein gehabt!

Schergaziew ist Kaufmann. Und zwar ein ganz schön cleverer! Um Kunden an seinen Stand zu locken, hat der 13-jährige Bauernsohn aus Kirgisistan die Haut eines toten Schweins an einen Stock am Straßenrand aufgehängt. Ein echter Blickfang! Immer wieder halten Einheimische und Touristen an, um das Schwein zu bestaunen. Schergaziew kommt dann blitzschnell gelaufen und bietet seine Ware feil – frische Eier, Milch, Ziegen- und Schweinefleisch. Die Geschäfte laufen gut. Sauschlau, Schergaziew!

Kamesuse aus Haiti

Jedem Gott ein eigenes Bild

Kamesuses Götter haben viele Gesichter. Manche tragen Bart und bunte Kleider, andere wiederum dunkle Fratzen. Ganz abhängig von der Stimmung des Mädchens aus Haitis Hauptstadt Port-au-Prince. Und auch abhängig davon, welche Materialien sie gerade zur Hand hat. Die meisten Werke bestehen aus Metallresten oder alten Reifen, nach denen Kamesuse in den Gassen ihres Viertels sucht. Die Fundstücke bringt sie dann in die Werkstatt eines Künstlers, der sie und andere Kinder kostenlos unterrichtet. Hier stanzt sie mit Hammer und Nagel Muster oder beklebt die Bleche mit Figuren. Zum Schluss kommt Farbe ins Spiel. Und diese fällt eben mal düsterer, mal greller aus: je nachdem für welchen Voodoo-Gott Kamesuse sich entscheidet.

Sommer

Oups!

Zwei Minuten bevor wir losmüssen, hält uns Tante Roberta auf. Sie sucht ihre Brille – um zu duschen. „Mit der Brille unter die Dusche!“, regt Papa sich auf. „Was für ein Unsinn, Roberta!“

Tante Roberta ist so kurzsichtig wie ein Maulwurf. Wäre sie bloß nicht am Tag ihrer Ankunft auf der Seife ausgerutscht! Tante Roberta soll nämlich Janine (meine Schildkröte) und die Hamster von Amanda (meiner Schwester) hüten, während wir uns in Djerba die Sonne auf den Pelz brennen lassen.

Wir suchen die Brille. Unauffindbar.

„Das Taxi ist da“, sagt Papa. „Macht, dass ihr loskommt!“, sagt Tante Roberta. „Dann taste ich mich eben unter die Dusche.“ OUPS!

Unten wartet der Taxifahrer. Er verschickt gerade eine SMS („nach Hause, nach Taschkent, Usbekistan“, erklärt er).

„… wir müssen in neunzig Minuten am Flughafen sein“, unterbricht ihn Papa.

„SMS sind super!“, ruft der Taxifahrer begeistert. „Früher hat es immer Wochen gedauert, bis ich von meiner Mutter gehört habe. Heute schreibt niemand mehr Briefe, oder?“

S. 173 Textwerkstatt

„VORSICHT…“

Die Ferien fangen ja abenteuerlich an! Der Briefträger kommt zwar heil davon, aber das Taxi aus Taschkent leider nicht. Wir rennen zum Einkaufszentrum auf der Suche nach einem Ersatztaxi.

„Diese Stadt ist der totale Wahnsinn!“, schimpft Papa. „Habt ihr den Stau gesehen?“

Weit und breit kein freies Taxi. Mit Hund und Gepäck stürzen wir zur Metro. „Ah, eine feine Sache, die Metro.“ Papa entspannt sich. „Hier kann uns das Chaos da oben nichts anhaben. Wir werden unser Flugzug erreichen!“

In dem Augenblick ertönt eine Durchsage: **„Infolge eines Zwischenfalls wird der Betrieb vorübergehend eingestellt.“** Und weiter geht's zu Fuß!

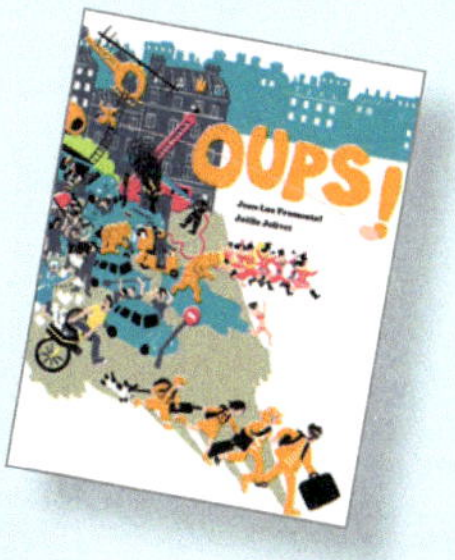

Text: Jean-Luc Fromental / Bilder: Joëlle Jolivet

Zweites Rätsel

Vier Freunde bestimmen den Lauf der Welt,
auch wenn das den Mächtigen wenig gefällt.
Die Freunde verstehn sich (man kann's kaum verstehn),
obwohl sich die vier noch niemals gesehn.
Nie findest du zwei am selben Ort.
Wenn der eine sich naht, geht der andere fort.

Vom Zweiten, dem mit der goldenen Mähne,
schreib ich dir. Er schenkt dir Löwenzähne.

Stark ist er, und zieht mit Macht
an den Köpfen der Blumen. Wie heiß er lacht!
Er liebt die Bienen und Hummeln und Wespen und Fliegen.
Er kann den Asphalt auf der Straße verbiegen.
Er wärmt dir das Wasser zum Baden und Schwimmen.
Eismännern leiht er süß lockende Stimmen.

Karlhans Frank

Welcher der vier ist dein bester Freund?

Kleeorg und Kleeopatra

Personen:
Kleeopatra, dreiblättriges Kleeblatt
Kleeorg, dreiblättriges Kleeblatt, Gatte von Kleeopatra
Kleeberhard, dreiblättriges Kleeblatt, dicker, alter Miesepeter
Kleerika, die Älteste auf dem Feld
Liesel, die Kuh
Vierblättriges Kleeblatt, gerade gewachsen
449 Kleeblätter

S. 176 S. 186 Textwerkstatt

Auf einer Wiese wächst gerade ein neues, winziges Kleeblatt heran.

Kleeopatra jubelt: Eins … zwei … drei … und da, noch eins! VIER!!! Es ist vierblättrig! Kleeorg, sieh nur! Unser Kleines hat vier Blätter!

Kleeorg, ihr Gatte: Vierblättrige bringen Glück.

Da zischt es von links: Klee ist Klee! Ob drei oder vier Blätter, da gibt es keinen Unterschied!
Das war Kleeberhard, der dicke, alte Miesepeter.

Kleeorg: Doch, Vierblättrige sind immer Glücksbringer.

Kleeberhard: Papperlapapp! Ein Blättchen mehr haben die. Sonst gar nichts. Vierblättrige sind nur Angeber!

Kleerika: Schluss mit dem Streit! Wir werden gleich sehen, wer von euch recht hat.

Und schon duckt sie sich so tief, wie sich ein Kleeblatt beim Anblick einer Kuh nur ducken kann. Und alle anderen vierhundertfünfzig Kleeblätter auf der Wiese tun das Gleiche. Nein, nicht alle. Das Kleine, das gerade zur Welt gekommen ist, duckt sich nicht. Es hat ja auch noch nie etwas von einer Kuh gehört.

Liesel, die Kuh, sieht das Kleine: Muh, muh-muh-muuuh!
Was so viel heißt wie: Oh, wie schön, ein vierblättriges Kleeblatt!

Sie bückt sich zu ihm hinab … streichelt es sanft mit ihrer rauen Zunge und frisst – das dicke, fette Kleeblatt direkt neben ihm. Danach trabt sie gemächlich und sehr glücklich weiter.

Kleeopatra: Juhu, wir leben noch! Siehst du, Kleeberhard, man muss nur ans Glück glauben, schon wird alles gut. Kleeberhard … Kleeberhard?! Wo steckst du denn, du dicker, alter Miesepeter?

nach Werner Holzwarth

Wie der Zaunkönig das himmlische Feuer holte

Vor langer, langer Zeit gab es noch kein Feuer auf Erden und man wusste nicht, wie man sich welches verschaffen sollte, und beschloss, sich an den lieben Gott zu wenden. Aber der ist weit weg, und wer kann die Reise unternehmen? Man bat die großen Vögel, die schlugen es aber ab, dann die mittelgroßen, die schlugen es auch ab, sogar die Lerche. Während man noch beriet, hörte der Zaunkönig zu. „Da niemand gehen will“, sagte er, „so werde ich gehen.“ „Aber du bist so klein, deine Flügel sind so kurz! Du wirst von der Anstrengung vorher umkommen.“ „Ich werde es versuchen“, sagte er. Damit fliegt er fort und kommt wirklich beim lieben Gott an. Dieser war sehr erstaunt, ihn zu sehen, und ließ ihn auf seinen Knien ausruhen. Aber er zögerte, ihm das Feuer zu geben. „Du wirst dich verbrennen“, sagte er, „ehe du auf die Erde kommst.“ Aber der Zaunkönig bestand darauf. „Nun wohl“, sagte der liebe Gott endlich. „Ich werde dir geben, worum du bittest. Aber nimm dir die Zeit, fliege nicht zu schnell! Wenn du zu schnell fliegst, wirst du deine Federn verbrennen.“ Der Zaunkönig versprach, sehr vorsichtig zu sein, und flog fröhlich der Erde zu. Solange er noch weit entfernt war, mäßigte er den Flug. Aber als er in die Nähe kam und alle sah, die ihn erwarteten und ihm zuriefen, beeilte er unwillkürlich seinen Flug. Was der liebe Gott gesagt hatte, geschah. Als er das Feuer brachte, hatte er keine einzige Feder mehr: alle waren verbrannt. Die Vögel versammelten sich um ihn; jeder riss sich eine Feder aus, um ihm schnell ein neues Kleid zu machen. Seitdem ist sein Kleid so gesprenkelt.

Märchen aus der Basse-Normandie

S. 173 Textwerkstatt

Blauer Schmetterling

Flügelt ein kleiner blauer
Falter vom Wind geweht,
Ein perlmutterner Schauer,
Glitzert, flimmert, vergeht.

So mit Augenblicksblinken,
So im Vorübergehn
Sah ich das Glück mir winken,
Glitzern, flimmern, vergehn.

Hermann Hesse

Johannisfeuer

Auf den Bergen reiten Feuer,
Werfen sich wie Ungeheuer
In die Nachtluft, in den Raum;
Flammen stehen hell als Baum,
Rote Flügel sich entfachen,
Aus den Bergen fliegen Drachen,
Nichts hält mehr den Berg im Zaum.
Flammen sich wie Lieder wiegen, –
Sonne hat die Nacht erstiegen.

Max Dauthendey

Textwerkstatt S. 179

Die Mittagsfrau

Wenn im Sommer die Sonne hoch am Himmel steht und ihre glutheißen Strahlen zur Erde schickt, schreitet die Mittagsfrau über die Felder. Schlag zwölf macht sie sich auf den Weg. Und wehe dem, den sie auf dem Acker trifft. Er ist des Todes, wenn er nicht ihre Rätsel löst oder ihr vom Flachs erzählen kann, bis es vom Turme eins schlägt. Ja, die Mittagsfrau ist ein böser Feldgeist. Einmal überraschte sie eine arme Magd, die in der Mittagspause ihr eigenes Stück Feld jätete. „Erzähl vom Flachs", befahl das böse Weib. Hanka, die Magd, war klug und wusste viel vom Flachs. Sie stimmte einen langsamen, gedehnten Singsang an: „Jaaa, mit dem Flachs ist das so: Er braucht sehr, sehr gute Pflege." Die Mittagsfrau hörte von der Vorbereitung des Ackers, der Aussaat, dem Jäten, Raufen, Bündeln, Riffeln, Dreschen, Wässern, Trocknen, Dörren, Brechen, Hecheln. Jetzt wollte Hanka vom Rockenbinden, Spinnen, Weben und Bleichen reden. Da schlug die Glocke eins! Die Mittagsfrau war besiegt! Mit einem gewaltigen Donnerschlag verschwand sie und kein Mensch hat sie seitdem wiedergesehen.

Sorbische Sage, erzählt von Annemarie Britz

Wir wissen heute natürlich, dass Hitzschlag und Sonnenstich in der Ernteglut so manches Opfer gefordert haben und dass dies zur Entstehung dieser Sagengestalt beigetragen hat.

S. 179 Textwerkstatt

Die Lerche im Kornfeld

In einem großen Kornfeld hatte eine Lerche ihr Nest gebaut. Als das Korn höher und höher wuchs und eines Tages die Ähren gelb und dick wurden, begann sich die Lerche um ihre Jungen zu sorgen.
„Wir werden von hier fortziehen müssen“, dachte sie, „bevor die Schnitter kommen, mein Nest zerstören und meine Jungen töten.“
Jeden Morgen, wenn die Lerche auf der Suche nach Futter ihr Nest verlassen musste, befahl sie daher ihren Jungen, genau aufzupassen.
Eines Tages kam der Bauer und sagte:
„Es ist Zeit, dass wir mit der Ernte beginnen. Ich will zu meinen Nachbarn gehen und sie bitten, mir zu helfen.“
Die kleinen Vögel im Nest erschraken, und als ihre Mutter heimkam, zwitscherten sie aufgeregt und erzählten ihr, was der Bauer gesagt hatte.
Aber die Lerche beruhigte ihre Kinder.
„Noch brauchen wir keine Angst zu haben“, sagte sie, „wenn er auf seine Nachbarn wartet, wird es lange dauern, bis dieses Korn geschnitten wird.“

Am nächsten Tag kam der Bauer wieder und sagte:
„Das Korn ist schon reif, wir müssen es in die Scheune bringen. Sohn, geh sofort zu allen Verwandten und bitte sie, uns bei der Ernte zu helfen.“
„Aber jetzt müssen wir bestimmt fortziehen“, zwitscherten die Jungen wieder aufgeregt.
„Keineswegs!“, antwortete die Lerche.
„Seine Verwandten müssen auf ihren eigenen Feldern arbeiten. Noch können wir bleiben.“
Am dritten Tag kam der Bauer wieder und sah, wie sich die Halme unter der Last der Ähren beugten.
„Wir dürfen nicht länger warten, Sohn“, rief er. „Morgen wollen wir beginnen.“
„Nun müssen wir gehen“, rief die Lerche, als die Kinder erzählten, was sie gehört hatten.
„Wenn ein Mensch seine Arbeit in die eigenen Hände nimmt, statt sich auf andere zu verlassen, so besteht die Möglichkeit, dass die Arbeit getan wird.“

Christian Fürchtegott Gellert

Erdbeer-Smoothie

Erdbeeren kann man essen. Erdbeeren kann man aber auch trinken: Dieser Smoothie (von englisch smooth = fein, cremig) erfrischt an heißen Sommertagen.

Für 4 Portionen
Zubereitungszeit: 15 Minuten

Ihr braucht:
350 g Erdbeeren
1 Banane
500 ml Orangensaft
1 EL Honig
2 Kugeln Vanilleeis

1. Wascht die Erdbeeren, entfernt die Blätter, viertelt die Früchte und püriert sie in einem hohen Gefäß mit dem Pürierstab.
2. Schält die Banane, schneidet sie klein und gebt sie mit dem Orangensaft und dem Honig zu den Erdbeeren. Noch einmal alles pürieren.
3. Zum Schluss gebt ihr das Vanilleeis dazu und püriert das Getränk ein letztes Mal.

Unser Tipp: Habt ihr kein Vanilleeis im Haus, könnt ihr stattdessen auch sechs Eiswürfel nehmen.
Aber Vorsicht: Das spritzt beim Pürieren!

Nach dem Mittagsschlaf
auf den nackten Fußsohlen
die Sonne spüren

Elisabeth Zartl

S. 185 Textwerkstatt

A short, summery thin thong song

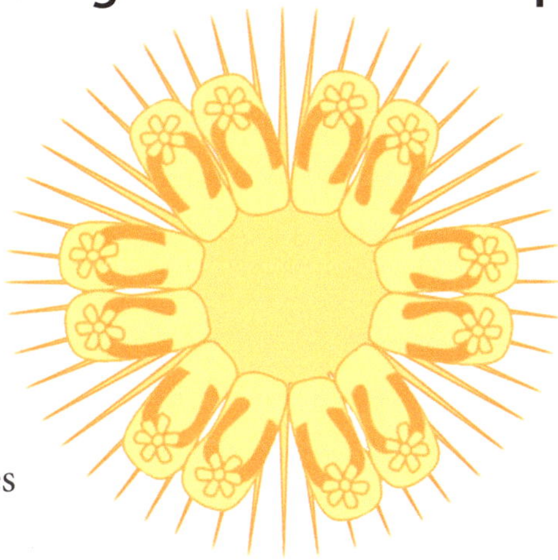

The song
of a
thong
is a flip,
flap,
flong
that echoes
wherever
you go.

You're flapping
and tapping
with feet
overlapping
and people who watch
will agree
that the song
of a thong
when you're
flopping along
is of feet
that are born
to be
free.

Max Fatchen

Ein kurzer, sommerlicher Flip Flop Song

Das Lied
eines Flip Flop
ist ein Flip
und ein Flap
und ein Flop.
Das hallt dir
im Kopfe
auf Schritt
und Tritt.

Und du flipst,
und du flopst
mit fliegenden
Füßen,
und die Leute,
die dir zuschaun,
werden zugeben
müssen:
Flapst du vorbei,
klingt der Klang
deiner Sohlen
nach Füßen,
die frei sind,
ganz frei.

⊙ Hör-CD – Hör genau:
Singt den Flip Flop Song.

Textwerkstatt S. 184

Ich liebe Bücher

Der geheimnisvolle Ritter Namenlos

König Wilfried der Wohlriechende hatte drei Söhne, denen ließ er all das beibringen, was sein Vater ihm hatte beibringen lassen – das Reiten, das Kämpfen mit Schwert und Lanze und gute Manieren beim Essen. Die drei lernten stolz daherzuschreiten, mit lauter Stimme zu reden und das, was das Wichtigste für Königssöhne ist, das Befehlen.
Doch dann gebar die Königin eine Tochter. Und starb bei der Geburt. Und niemand konnte dem König sagen, was man einer Tochter beibringt. Also ließ er sie dasselbe lernen wie seine Söhne.
Obwohl sie kleiner und zarter war als die drei und kaum ein Schwert heben konnte.

Violetta Spinnenbein nannten ihre Brüder sie, Violetta Mückenstark, Violetta Fliegenschreck.
Die drei prahlten damit, dass sie einem Pferd die Sporen so heftig in die Seite stoßen konnten, dass auch der stolzeste Hengst gehorchte.
Sie schlugen den Strohpuppen, mit denen sie das Kämpfen übten, so heftig die Köpfe ab, dass sie über die Schlossmauer flogen – und lachten dreistimmig über ihre kleine Schwester, die Mühe hatte, in der schweren Rüstung auf ein Pferd zu steigen.
„Ach Emma", sagte Violetta abends zu ihrer Dienerin. „Ich werde nie so stark sein wie meine Brüder."

S. 175 Textwerkstatt

„Nicht so stark, aber dreimal so klug“, erwiderte Emma. „Warum bittet Ihr Euren Vater nicht, Euch etwas anderes lernen zu lassen als die elende Kämpferei? Lernt Sticken oder Weben, die Flöte spielen oder sonst etwas Nützliches.“

Aber Violetta schüttelte den Kopf. „Nein“, sagte sie. „Nein, nein, nein.“ Und Emma sagte nichts mehr, denn sie wusste, dass die Prinzessin starrköpfiger war als die drei Prinzen zusammen.

Violetta jedoch schlich künftig jede Nacht aus dem Palast, um all das zu üben, was ihre Brüder so viel besser konnten. Und sie lernte auf ihre Weise. Ohne Geschrei und ohne Sporen. Ganz leise. Leise wie die Nacht. Violetta wurde mit jedem Tag flinker und treffsicherer. Die Pferde trugen sie gern. Und wenn Violettas Brüder mit den Lanzen nach ihr stießen, bohrten sie nur Löcher in die Luft. Schwindelig ritt sie ihre Brüder, bis deren Pferde schnaubend die Köpfe hochwarfen und keinen Schritt mehr taten. So lachten die drei Prinzen bald nicht mehr über ihre kleine Schwester. Und Violetta Fliegenschreck nannten sie sie auch nicht mehr.

Doch dann kam der Tag vor ihrem sechzehnten Geburtstag. „Violetta“, sagte ihr Vater. „Ich werde zur Feier deines Geburtstages ein Turnier veranstalten. Der Sieger wird dich zur Frau bekommen.“

Ihr Geburtstag kam, und auf dem Turnierplatz drängten sich die Ritter. Neben dem König aber saß nicht Violetta, sondern Emma, ihre Dienerin, in Violettas schönstem Kleid, mit einem Schleier vor dem Gesicht. Violetta selbst legte eine schwarze Rüstung an ...

Text: Cornelia Funke
Bilder: Kerstin Meyer

Der wunderbarste Beruf der Welt

Fragen einer vierten Klasse an Cornelia Funke

Bastian: Violetta ist viel pfiffiger als ihre drei Brüder. Waren Sie früher auch so ein Mädchen? Hatten Sie schreckliche Brüder?

Cornelia Funke: Nein, ich hatte keine schrecklichen Brüder. Ich hatte zwei jüngere Brüder, der eine ein bisschen ruhiger als ich, der andere vielleicht noch ein bisschen wilder. Ich selbst war ein Mädchen, das gern Jungenspiele spielte, seinen Puppenwagen gegen die Wand fuhr und am liebsten dicke Abenteuerbücher las. Ich glaube, einiges von mir steckt in Violetta. Für Mädchen war und ist es immer noch so, dass sie dafür kämpfen müssen, gleiche Rechte zu haben und so sein zu können, wie sie wollen – allerdings glaube ich, dass Jungen es manchmal auch ganz schön schwer haben. Mein Sohn ist so – er hat schon immer überall das Gefährliche in der Welt gesehen, und meine Tochter hat ihn dafür nicht ausgelacht, sondern beschützt, wenn er das gerade brauchte.

Carolin: „Emma und der Blaue Dschinn" fängt ja ganz normal an. Dann aber kommt der Geist aus der Flasche und alles wird fantastisch. Das passiert in Ihren Büchern oft so. Schreiben Sie gerne fantastische Sachen?

Cornelia Funke: O ja, ich schreibe sehr, sehr gern fantastische Geschichten. Ich lese sie auch sehr gern, hab ich schon immer getan. Wo sonst als in unserer Fantasie können wir fliegen, auf Drachen reiten und Wesen begegnen, die wir noch nie gesehen haben? Die fantastischen Geschöpfe, die Menschen sich ausdenken, helfen, Angst und Tapferkeit und vieles andere in uns zu entdecken. Und es macht auch noch einen Riesenspaß, sie zu erfinden!

Johanna: In dem Buch von den „Gespensterjägern auf eisiger Spur" spielt ein Junge die Hauptrolle und der Tom ist richtig nett. Wie kommen Sie auf Ihre Ideen?

Cornelia Funke: Ich würde sagen, die Ideen kommen zu mir! Manchmal pflück ich sie mir auch aus der Wirklichkeit. Zum Beispiel: Die Ideen zu den schlammigen Ereignissen von „Gespensterjäger in großer Gefahr" kamen mir, während ich bis zu den Knien im Schlamm steckte, auf einer Pferdeweide. Um genau zu sein: Ich sammelte dort Pferdeäpfel ab. Alles war kalt und nass und der Schlamm zog mir fast die Stiefel aus – und schwups, war da die Idee von dem im Schlamm versinkenden Dorf und den schrecklichen spukenden Ursachen dafür.

Fabian: Bei den „wilden Hühnern" dachte ich erst, das wären Bücher für Mädchen. Aber mir gefallen sie. Darin passiert aber nichts Fantastisches. Schreiben Sie diese Geschichten genauso gern?

Cornelia Funke: „Die wilden Hühner" begann ich zu schreiben, weil mein Verlag mich bat, doch mal was ganz und gar nicht Fantastisches zu schreiben. Während ich sie schreibe, habe ich Spaß daran, aber wenn mir nicht so viele Kinder ständig wegen einer Fortsetzung schreiben würden, hätte ich bestimmt nur ein Hühner-Buch geschrieben.

Orkan: Ist es eigentlich leichter, so ein Fortsetzungsbuch zu schreiben, als sich ein ganz neues Buch auszudenken?

Cornelia Funke: Ja, weil man schon viele Figuren hat. Aber andererseits wird es immer schwieriger, etwas wirklich Neues zu schreiben.

Mirko: Ich habe „Herr der Diebe" gelesen. Richtig spannend. Wie entsteht bei Ihnen so eine Figur im Kopf wie der Scipio? Und die anderen aus der Gruppe?

Cornelia Funke: Scipio ist mir eingefallen, weil ich immer schon über ein Kind schreiben wollte, das sich wünscht, erwachsen zu sein. Ich war selbst so. Während ich dann an der Geschichte arbeitete, fand ich langsam heraus, wie genau Scipio ist – anfangs war er ziemlich unausstehlich, aber schließlich mochte ich ihn sehr gern. Die anderen aus der Gruppe entstanden wie von selbst – plötzlich waren sie alle da – so geht mir das oft.

Ein Film in meinem Kopf

Kerstin Meyer erzählt vom Illustrieren

Was mich anregt

Beim Lesen spielt sich in meinem Kopf ein Film ab, aus dem ich ein paar Bilder oder Szenen herausnehme, die ich besonders witzig finde. Früher habe ich als Trickfilmzeichnerin gearbeitet. Daher kommt wohl meine Liebe zur Bewegung und zum übertriebenen Ausdruck.

Es reizt mich auch, mit verschiedenen Stilen zu arbeiten, zum Beispiel mit Ornamenten wie im Buch „Emma und der Blaue Dschinn". Oder ich male kleinere Bilder, die sich wie ein Band über die ganze Seite ziehen.

Um noch genauere Vorstellungen zu bekommen, kaufe oder leihe ich mir Bücher und DVDs, etwa über die Ritterzeit. Da lasse ich mich von den Ritterrüstungen, Turnieren und Burgen anregen. Ich zeichne die Ritterkämpfe, während ich sie auf Video angucke. Aber ich zeichne sie nicht genau so, wie sie da sind, das wäre für ein Sachbuch richtig.

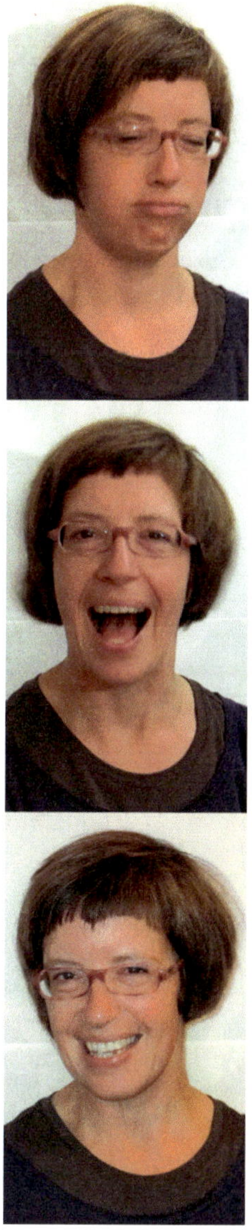

Wie ich arbeite

Beim ersten Lesen des Textes und bei meinen Nachforschungen entstehen erste grobe Skizzen mit Bleistift und nach und nach der Plan für das Buch. Mit der Abfolge der Bilder versuche ich Spannung zu erzeugen oder zu überraschen. Dann werden die Skizzen genauer. Zu diesem Zeitpunkt muss ich dem Verlag auch mal ein sogenanntes Dummy vorlegen. Damit kann ich zeigen, wie das Buch von der Text-Bild-Aufteilung werden soll. Das alles ist noch in Schwarz-Weiß. Zusätzlich fertige ich eine reingezeichnete Doppelseite in Farbe an, die genau zeigt, wie ich das ganze Buch machen will. Das kriegt eventuell auch der Autor oder die Autorin zu sehen. Wenn alle zufrieden sind, geht es weiter. Ich mache die anderen Reinzeichnungen, und zwar mit Feder und Scriptol. Dazu ziehe ich das Blatt auf ein Zeichenbrett auf, damit es nach dem Trocknen immer wieder schön glatt wird, auch wenn ich mit viel Wasserfarbe darübergehe. Ich koloriere mit Pigmenttuschen, die so schön leuchtende Farben haben und sich endlos übereinandermalen lassen, ohne dass die Farbe hässlich wird.

Fachbegriffe …	… und was sie bedeuten:
Dummy	Probearbeit
kolorieren	eine Strichzeichnung farbig ausmalen
Ornament	Verzierung, zum Beispiel auf Teppichen, Vasen
Pigmenttusche	farbige Tusche
Reinzeichnung	die fertige Zeichnung
Scriptol	besondere schwarze Tusche
Skizzen	Entwürfe von Zeichnungen
Zeichenbrett	Unterlage zum Zeichnen

Herr der Diebe

Eine Wasserratte huschte erschrocken davon, als die Kinder sich den engen Gang hinuntertasteten. Der Weg führte zu einem Kanal, aber Wespe, Prosper und Bo folgten ihm nur bis zu einer Metalltür in der fensterlosen Mauer. Mit ungelenken Buchstaben hatte jemand *vietato l'ingresso* darauf gepinselt, Betreten verboten. Früher war dies einer der Notausgänge des Kinos gewesen, jetzt verbarg sich hinter der Tür ein Versteck, von dem nur sechs Kinder etwas wussten.
Prosper zog zweimal kräftig an der Schnur, die neben der Tür baumelte, wartete einen Moment und zog dann noch einmal. Das war ihr Zeichen, aber es dauerte, bis jemand öffnete. Bo trat schon ungeduldig von einem Fuß auf den anderen, als sie endlich hörten, wie der Riegel zurückgeschoben wurde. Nur einen schmalen Spalt breit öffnete sich die Tür. „Parole?", fragte eine misstrauische Stimme.
„Komm, Riccio, du weißt doch, dass wir uns die nie merken können!", raunte Prosper ärgerlich.
Und Wespe trat auf den Spalt zu und zischte hinein: „Siehst du die Tüten in meiner Hand, Igelchen? Die habe ich vom Rialtomarkt bis hierher geschleppt. Meine Arme sind bald lang wie Affenarme, also mach endlich auf!"
„Ja, ja, schon gut. Aber wehe, Bo verpetzt mich wieder bei Scipio, wie letztes Mal!"
Mit besorgtem Gesicht öffnete Riccio die Tür. Mager war er und einen ganzen Kopf kleiner als Prosper, obwohl er nicht viel jünger war. Zumindest behauptete Riccio das. Sein braunes Haar stand ihm so struppig vom Kopf ab, dass es ihm seinen Spitznamen eingebracht hatte: Riccio – der Igel.
„Wir haben schon mit dem Aufräumen angefangen", erzählte Riccio, als er ihnen mit der Taschenlampe den dunklen Flur entlangleuchtete.
„Aber sehr weit sind wir noch nicht gekommen. Mosca will immer nur an seinem Radio rumbasteln. Und bis vor einer Stunde haben wir vor dem Palazzo Pisani herumgestanden.

Warum Scipio sich ausgerechnet den Palast für seinen nächsten Raubzug ausgesucht hat, ist mir ein Rätsel. Fast jeden Abend ist dort irgendetwas los, Feste, Empfänge, ich glaub, alle vornehmen Familien der Stadt geben sich da die Klinke in die Hand. Wie will Scipio da jemals unbeobachtet reinkommen?“

Prosper zuckte nur die Achseln.

Ihn und Bo hatte der Herr der Diebe bisher noch nicht zum Kundschaften geschickt, obwohl Bo Scipio ständig darum anbettelte. Meistens zogen Riccio und Mosca los, wenn es um das Beobachten der Paläste ging, denen Scipio einen nächtlichen Besuch abstatten wollte. Seine Augen nannte er die zwei, während Wespe dafür zuständig war, dass das Geld vom Verkauf seiner Beute nicht zu schnell ausgegeben wurde. Prosper und Bo, als neueste Schützlinge des Herrn der Diebe, hatten bisher höchstens mitkommen dürfen, wenn die Beute verkauft wurde oder Einkäufe erledigt werden mussten, so wie heute.

Prosper war das nur recht.

Aber Bo wäre zu gern mit Scipio in die vornehmen Häuser der Stadt geschlichen, um all die wunderbaren Dinge zu stehlen, die der Herr der Diebe von seinen Beutezügen mitbrachte.

„Scipio kommt überall rein“, verkündete Bo, während er neben Riccio herhüpfte. Zwei Sprünge auf dem linken Fuß, zwei Hüpfer auf dem rechten – Bo bewegte sich selten vorwärts, ohne zu hüpfen oder zu rennen.

„Er hat was aus dem Dogenpalast gestohlen, und keiner hat ihn erwischt. Weil er eben der Herr der Diebe ist.“ – „Ja, der Einbruch in den Dogenpalast. Wie könnten wir den vergessen!“ Wespe warf Prosper einen spöttischen Blick zu.

„Selbst ihr habt die Geschichte doch bestimmt schon hundertmal zu hören bekommen, oder?“

Prosper grinste nur.

„Also, ich könnte sie mir tausendmal anhören“, meinte Riccio.

Cornelia Funke

Und wenn sie nicht gestorben sind ...

Fast jedes Kind kennt inzwischen schon Geschichten zum Weiterspinnen. In vielen Kinderzeitschriften oder Lesebüchern stehen solche Geschichtenanfänge, die man dann fertig schreiben soll.
Hier ein etwas anderes Spiel: Ein Kind denkt sich einen Schlusssatz aus und das andere muss die passende Geschichte dazu erfinden. Ich habe den schwierigen Teil übernommen, das Schlüsse-Erfinden.
Den leichteren Teil überlasse ich euch. Also los:

... Und so verlor der arme, alte Ameisenbär seinen Kopf zum dritten Mal.

... Und bis heute weiß niemand, warum der Bär damals seine Socke nicht dabeigehabt hatte.

... „Aber wenn er mir doch so leid tut!“, schniefte es, aber das nützte dem sechsten Geißlein gar nichts.

... Und wenn sie nicht gestorben sind, dann leben sie noch h... nein, aus irgendeinem Grund eignet sich dieser Schluss für dieses Spiel nicht. Vielleicht, weil er schon zu bekannt ist.

... Und da musste er Schluss machen, denn was hätte sein Stiefvater gesagt, wenn er noch klüger geworden wäre!

... Und da legte das Huhn dasselbe Ei noch ein zweites Mal.

... Aber niemand wollte ihm glauben, obwohl er den Stoßzahn, die Fernsehantenne und die tiefgekühlte Erdbeertorte als Beweis auf den Tisch legte.

... „Na, seht ihr, ich bin der Dümmste“, rief er triumphierend – und damit hatte er endgültig alles vermasselt.

... Und deshalb gibt es elektrische Eierkocher.

Martin Auer

HÄGAR
VERDAMMT! ER TUTS SCHON WIE-DER!
ACH, VERGISS ES – ER IST HALT IN DER PUBERTÄT.
IST DAS ALLES, WAS DU DAZU ZU SAGEN HAST?
MANN, MACH MIR DOCH KEI-NE VORWÜRFE, IN MEINER FAMILIE HAT NOCH NIE EINER EIN BUCH GELESEN!
WOZU EIGENTLICH BÜCHER?!!
SIE ERZÄHLEN GESCHICH-TEN!
SO'N QUATSCH!
HALLO...?
DIK
© King Features Syndicate, Inc., 1973. World rights reserved.

KINDERBÜCHER

A – D

Katja **A**lves:
Beste Freundin

Jürgen **B**anscherus:
Kwiatkowski

Nicola **D**avis:
affenheiß und
schweinekalt

E – F

Wolf **E**rlbruch:
Nachts

Ken **F**ollett:
Die Kinder
des Universums

Theodor **F**ontane:
Der kinderleichte
Fontane

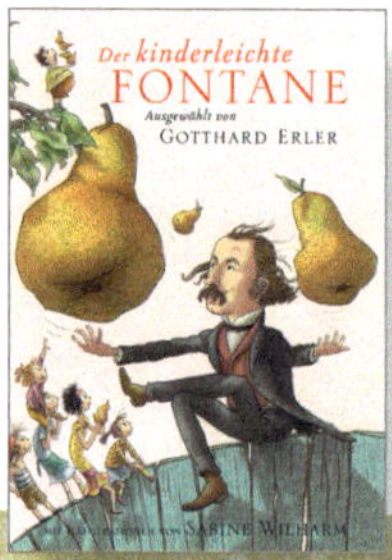

Jean-Luc
Fromental:
Oups!

F – J

Cornelia **F**unke:
Der geheimnisvolle
Ritter Namenlos

Cornelia **F**unke:
Herr der Diebe

Dagmar **G**eisler:
Bleibt locker,
Leute!

Chang-hoon **J**ung:
Unser Mond

K

Erich **K**ästner:
Pünktchen und Anton

John **K**ilaka:
Der wunderbare
Baum

S. 180 S. 181 S. 182 Textwerkstatt

Agnès de **L**estrade:
Die große
Wörterfabrik

Astrid **L**indgren:
Ronja Räubertochter

Jürg **O**brist:
Pepper greift ein

Maria **P**arr:
Sommersprossen
auf den Knien

L – P

Barbara **R**obinson:
Vorsicht, die Herdmanns
schon wieder

Andreas **S**chlüter:
Level 4

Jürg **S**chubiger:
Aller Anfang

R – S

Hermann **S**chulz:
Mandela & Nelson

Marie **S**ellier:
Sag mir, wie ist Afrika?

Lane **S**mith:
Das ist ein Buch!

S

Zeitschriften

DVDs und CDs

Lesen üben und Texte besser verstehen

Seite 8

Vorsicht, die Herdmanns

Damit du die Geschichte gut verstehst, musst du einige Stellen mehrmals lesen. Lies den Text in Abschnitten und beantworte die Fragen.

Lies bis Zeile 8.

1. Wer gehört zu den Herdmanns?
2. Was ist das Besondere an den Herdmanns?

Lies von Zeile 10 bis Zeile 36.

3. Was alles behauptet Eugenia?
4. Warum sind die Kinder nicht sicher, dass Eugenia lügt?

Lies von Zeile 36 bis Zeile 54.

5. Wessen Mutter wurde versehentlich ins Lehrerzimmer eingesperrt?
6. Wer befreite die Erwachsenen aus dem Lehrerzimmer?

Lies den Rest der Geschichte.

7. Wieso kam Lukas Weber nicht mehr in die Schule?
8. Was behauptete Eugenia?

Seite 12 13

Wie merkt sich unser Gehirn Dinge? / Wie wir uns Dinge lange merken

Für diese schwierigen Wörter findest du eine Erklärung im Text.
Notiere die Erklärung und die Zeilen, in denen du sie gefunden hast.

Kurzzeitgedächtnis   Langzeitgedächtnis
limbisches System   Großhirnrinde

Lesen üben und Texte besser verstehen

Seite **22** **Die Geschichte vom Hamster**

Suche die wichtigen Wörter in der Geschichte und schreibe sie auf. Erzähle die Geschichte mithilfe deiner wichtigen Wörter jemandem, der sie nicht kennt.

Welcher Spruch passt zu der Geschichte? Begründe.

Ohne Fleiß kein Preis.
Ein gutes Gewissen ist ein sanftes Ruhekissen.
Er kriegt den Hals nicht voll genug.

Seite **31** **Klimaanlage Regenwald**

Schreibe drei Gründe auf, warum der tropische Regenwald so besonders wichtig für das Klima der Erde ist.

Erkläre den letzten Satz: Warum wird es schwieriger, für immer mehr Menschen genügend Essen zu produzieren?

Noch mehr Informationen zu „Regenwald" und „Klima" findet ihr im Internet. Gebt die Begriffe in Kindersuchmaschinen ein.

www.fragfinn.de
www.blinde-kuh.de

Seite **32** **2 ½ Jungs retten ihren Baum**

Hier gibt es ein großes Missverständnis! Welches? Schreibe es auf.

Seite **35** **Baumschädlinge**

Überprüfe die Aussagen. Schreibe nur die richtigen ab.

Der Buchdrucker ist das größte der beschriebenen Tiere.
Die Miniermotte ist ein kleiner Falter.
Die Larven des Buchdruckers fressen Gänge in die Bastschicht.
Die Miniermotte legt ihre Eier auf die Oberseite der Blätter.
Die Larven des Rüsselkäfers fressen die Baumrinde.
Der Rüsselkäfer befällt vor allem Laubbäume.

Lesen üben und Texte besser verstehen

Seite **40** **Zarah**

Welche Sätze stimmen? Bringe die Buchstaben in die richtige Reihenfolge und setze das Lösungswort zusammen.

Alle Mädchen sind sehr gute Freundinnen. (FUR)
Zarah hat überhaupt keine Angst. (STH)
Die vier Mädchen wollen Zarah beschützen. (HÄ)
Die vier Freundinnen haben mehr Angst als Zarah. (ASE)
In der Geschichte gibt es wirklich Monster. (ANG)

Seite **45** **Supersinne**

Suche die Erklärung für diese Wörter im Text. Notiere die Erklärungen und die Zeilen, in denen du sie gefunden hast.

tagaktiv nachtaktiv Biolumineszenz Thermosinn

Seite **50** **Wo die Kälte herkommt**

Der Text ist in vier Absätze unterteilt.
Gib jedem Absatz eine passende Überschrift.
Schreibe die wichtigen Wörter aus jedem Absatz darunter.
Erzähle den Text mit deinen wichtigen Wörtern nach.

Seite **56** **Weihnachtszeit in Mexiko**

Lies den Text genau und erkläre die spanischen Wörter.

Las Posadas aguinaldo
Piñatas Dia de los Santos Reyes

Lesen üben und Texte besser verstehen

Seite **61** **Der Tag der wahren Entscheidung – 2. Januar**

Nico unterscheidet zwischen den echten und wahren Entscheidungen am 2. Januar und den „heuchlerischen und vagen Vorsätzen" des ersten Januars.
Kläre die Wörter mithilfe eines Wörterbuches oder frage einen Erwachsenen.
Schreibe dann mit deinen Worten auf, was Nico eigentlich meint.
Sammelt Vorsätze fürs neue Jahr.
Welche würde Nico „echt und wahr" finden und welche „heuchlerisch und vage"?
Diskutiert darüber in der Gruppe:
Ein Kind übernimmt die Gesprächsleitung und erteilt das Wort in der Reihenfolge der Meldungen. Wenn ihr euch nicht einig seid, lässt die Gesprächsleitung abstimmen.

Seite **70** **Hopp, Hopp, Hypersprung**

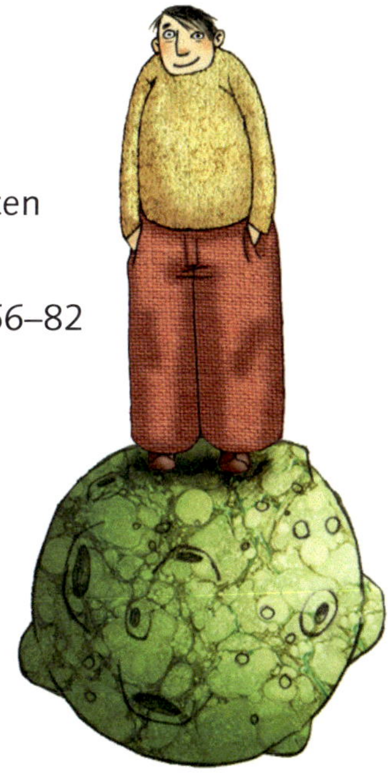

Welche Überschrift passt zu welchem Abschnitt?
Schreibe die Zeilen der Abschnitte und die Überschriften in der richtigen Reihenfolge auf.

Zeile 1–18 Zeile 19–49 Zeile 50–67 Zeile 66–82

Der Beweis auf dem *Trafalgar Square*
Auf dem Mond?
Ein merkwürdiger Raum
Der Geheimagent vom Planeten Klipst

Zeile 1–18: ______________

Schreibt zu jedem Abschnitt drei W-Fragen auf.
Macht daraus ein Quiz.

Lesen üben und Texte besser verstehen

Seite 78

Ich kapier das nicht

Die beiden Schaubilder zeigen, wie die Kinder zueinander stehen.
Welches Schaubild passt besser zur Geschichte?
Suche Textstellen, die das zeigen.
Was würdest du noch ergänzen?

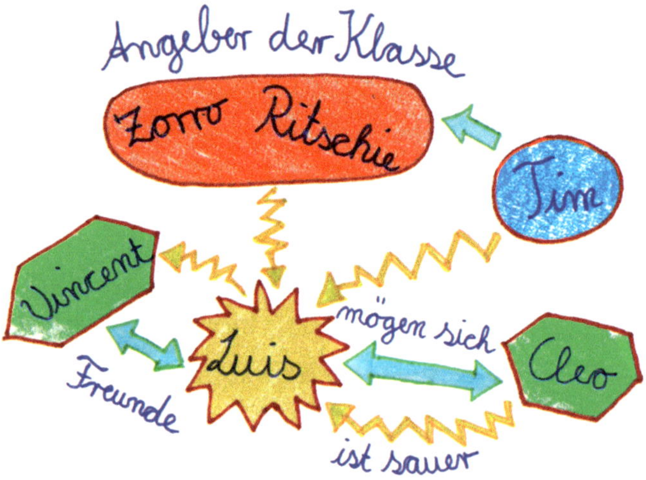

Seite 84

Tonje findet drei neue Freunde

Schreibe immer nur den jeweils richtigen Satz ab.

Tonje ist sehr gerne das einzige Kind in Glimmerdal.
Tonje wünscht sich, dass es noch mehr Kinder in Glimmerdal gibt.

Ole will seine Geschwister beschützen.
Ole will sich immer nur prügeln.

Tonje sagt zwar, dass die neuen Kinder ihr piepegal sind,
aber eigentlich ist es gar nicht so.
Tonje sind die neuen Kinder piepegal.

Die Überschrift passt zum Anfang der Geschichte.
Die Überschrift passt zum Ende der Geschichte.

Lesen üben und Texte besser verstehen

Seite **95** **Der aufgeblasene Frosch**

Jede Fabel hat eine Lehre.
Welche Lehre passt zu dieser Fabel?

Lies nach auf Seite 195.

Seite **100** **Ein Tag in der Seehundstation**

Schreibe zu jeder Uhrzeit etwa drei Stichwörter auf.
Erzähle mit ihrer Hilfe vom Tag in der Seehundstation.

5:30 Uhr: Vorbereitung erste Fütterung
Jüngere: Milchbrei – Ältere: Heringsbrei
6:00 Uhr: ...

Seite **106** **Die drei Eierdiebe**

Was stimmt hier nicht? Findet zusammen die sieben Fehler.

Wilhelm, Nikolaus und der dunkelhaarige Hans sangen im Chor der Christuskirche. Zur Belohnung wollten sie sich Eier aus einem Elsternest holen. Sie schlichen auf den Rathausturm und schoben ein Brett durchs Turmfenster. Hans holte die Eier und wollte sehr gerne teilen. Da ließen Nikolaus und Wilhelm das Brett los und Hans stürzte ab. Seine Flügel fingen sich im Wind und er segelte sanft zu Boden. Für die Marktweiber und die Polizei war dies ein großes Wunder.

Lesen üben und Texte besser verstehen

Seite 110
Spy Eye verschwindet

Schreibe die Tabelle ab und ergänze das Wörterbuch.

I can't find my suitcase.	Ich kann meinen Koffer nicht finden.
	Entschuldigen Sie
maybe	vielleicht
That's my suitcase.	Das ist mein ...
glasses	Brille
sunglasses	
tooth	Zahn
missing	
earrings	
	Schnurrbart
very big	

Seite 135
Mandela und Nelson

Im Text findest du viele Informationen über Nelson und seine Familie. Schreibe zu allen Familienmitgliedern einen Steckbrief.

Nelson
Geburtstag: 9. Mai
Geschwister: Zwillingsbruder von ...

Seite 139
Der Weltkindertag

Beantworte die W-Fragen. Finde noch weitere W-Fragen.

Wer hat vorgeschlagen, einen Weltkindertag einzuführen, und wann war das?
Warum gibt es in Deutschland zwei Weltkindertage?
Wieso ist der Weltkindertag nicht nur ein fröhlicher Tag?
Welche Rechte der Kinder werden im Text erwähnt?
Wann wurde die Erklärung aufgeschrieben?

Suche im Internet mit Kindersuchmaschinen unter dem Stichwort „Kinderrechte" weitere Informationen.

www.fragfinn.de
www.blinde-kuh.de
www.helles-koepfchen.de

Lesen üben und Texte besser verstehen

Seite 142

Enal aus Indonesien / Sivtoi aus Kambodscha / Schergaziew aus Kirgisistan / Kamesuse aus Haiti

Lege eine Tabelle an.
Sammle Informationen aus dem Text und fülle die Tabelle aus.

Name	Land	Alter	Was tut er/sie?

Seite 144

Oups!

Die Familie schaffte es einfach nicht, in den Urlaub zu fahren.
Schreibe in eigenen Worten auf, was alles passiert.
Lies diese Stellen noch einmal genau:

Zeile 14 und 15
Zeile 23 bis 26
Zeile 30 und 31
Zeile 37 und 38

Seite 148

Wie der Zaunkönig das himmlische Feuer holte

Teile die Geschichte in Abschnitte ein.
Gib jedem Abschnitt eine Überschrift und schreibe die wichtigen Wörter auf.
Erzähle die Geschichte jemandem, der sie noch nicht kennt, mit Hilfe deiner wichtigen Wörter.

Willst du wissen, wie ein Zaunkönig aussieht und wie es sich anhört, wenn er singt?
Gib „Zaunkönig“ bei www.blinde-kuh.de ein.

Zu Texten erzählen und schreiben

Seite **26** **Der wunderbare Baum**

Wie könnte das Märchen weitergehen?
Was erleben Elefant und Büffel bei der Schildkröte?
Können sich die großen Tiere wirklich alles merken?
Denke dir eine Fortsetzung aus und schreibe sie auf.

Seite **36 38** **Nachts / Mitten in der Nacht**

Du hörst nachts Geräusche durch dein Fenster.
Du gehst hinaus. Was entdeckst du alles
bei deinem Ausflug in die Nacht? Schreibe es auf.
Überarbeite und gestalte deinen Text.

Seite **69** **Marsmädchen sind ganz anders**

Wie sind Marsmädchen? Wie sind Marsjungen?
Schreibe und zeichne einen Comic.

Seite **83** **Der Esel**

Stelle dir vor, du bist der Nachbar.
Erzähle, was bei Nasreddin passiert ist.

Seite **97** **Nach dem großen Sturm**

Peters beste Freundin lebt in der Stadt.
Peter berichtet in einer E-Mail von seinen Erlebnissen.
Schreibe diese E-Mail. Achte dabei auf unterschiedliche Satzanfänge.
Fange so an:

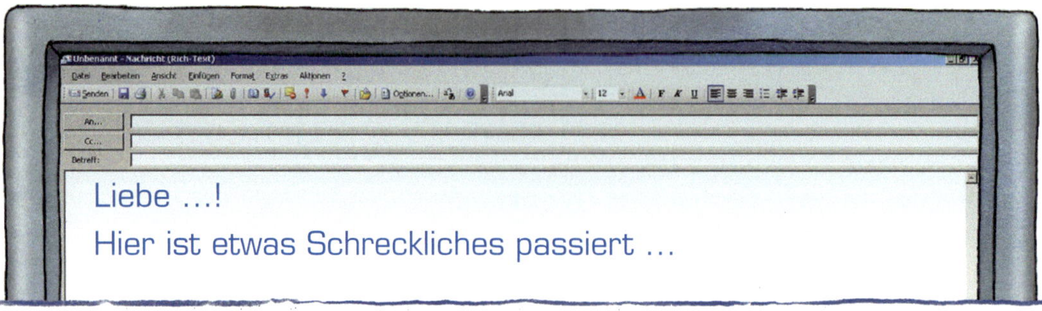

Zu Texten erzählen und schreiben

Seite 109

Welches Rad passt zu dir?

Übertrage diese Tabelle in dein Heft und ergänze sie.

Fahrradtyp	Beschreibung	Vorteile	Nachteile
Rennrad			
	bis 5 Gänge Rahmen: mittel Sitz: aufrecht		

Im Internet findest du auf Kinderseiten weitere Informationen:
Wer hat das Fahrrad erfunden?
Wie repariere ich einen kaputten Reifen? ...

www.zzzebra.de
www.blinde-kuh.de

Seite 114

Kwiatkowski, Privatdetektiv

Was erlebt Kwiatkowski im Labyrinth der Abwasserkanäle?
Sammle mit anderen Kindern in der Gruppe
Wörter zu „Abwasserkanal".
Schreibe eine Fortsetzung der Geschichte.

Seite 123

Das Spiel beginnt

Das Computerspiel ist Wirklichkeit geworden.
Sprecht in einer kleinen Gruppe darüber,
was weiter passiert. Stellt eure Ideen in der Klasse vor.

Seite 154

Der geheimnisvolle Ritter Namenlos

In der Geschichte kommen viele Personen vor.
Schreibe auf, was du über die Personen erfährst.

König Wilfried: genannt der Wohlriechende, ...
Brüder: können gut reiten und kämpfen, ...
Violetta: ...   Emma: ...

Mit Texten umgehen

Seite **11**

Rücksicht auf Langschläfer / Pfeifen als Schulfach

Wo dürfen die Kinder ausschlafen?
Wo wird gepfiffen? Suche die Länder
im Atlas oder auf einer Europa-Karte.

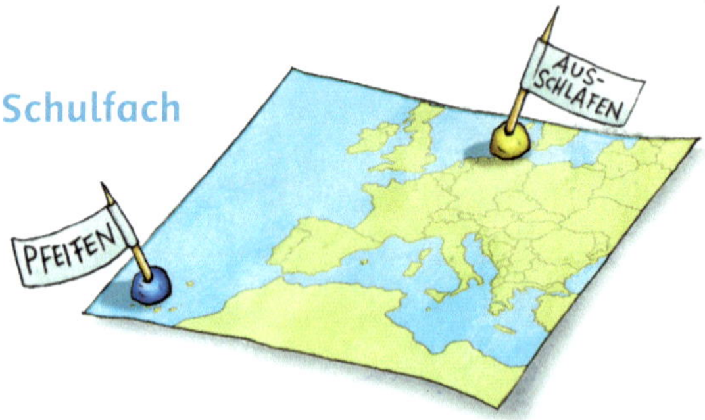

Seite **21**

Seite **53 104 146**

Drittes Rätsel / Viertes Rätsel / Erstes Rätsel / Zweites Rätsel

Mit diesen vier Gedichten lassen sich viele Ideen umsetzen:
Ihr könnt dazu Bilder gestalten und eine Ausstellung machen.
Ihr könnt sie vortragen, zum Beispiel bei einem Jahreszeitenfest.

Seite **28**

Das Geheimnis der Bäume

Welche Geschichten über die Entstehung der Welt
kennt ihr noch? Fragt auch eure Eltern und Großeltern.
Schreibt die Geschichten auf und sammelt sie
in einem Klassenbuch.

Seite **64–68**

Raumfahrt

Viele Länder erforschen den Weltraum,
lassen Raketen starten und schicken Satelliten ins All.
Sammelt über mehrere Wochen Zeitungsberichte darüber.
Klebt sie auf Plakate oder sammelt sie in einem Ordner.
Stellt sie in der Klasse aus.

Seite **81**

Wie soll eine gute Freundin, ein guter Freund sein?

Findet ihr noch mehr Aussagen, die man ankreuzen kann?
Wie fällt die Umfrage in eurer Klasse aus?
Schreibt die Rangfolge auf. Stimmt ab, wenn ihr euch nicht einig seid.
Bestimmt ein oder zwei Kinder für die Gesprächsleitung und
diskutiert das Ergebnis eurer Umfrage.

sich melden | beim Thema bleiben | Meinung begründen | einander zuhören | niemanden unterbrechen

Mit Texten umgehen

Seite **96**

Erlebnisse an Strand und Küste

Wo forscht Ihr? Macht eine Ausstellung
mit euren Fundstücken und beschriftet sie.

Seite **108**

Schülerzeitung-Spezial: „Fahrrad-Frühling“

Untersucht die Umgebung eurer Schule:
Welche Kreuzungen oder Straßen sind besonders gefährlich?
Wo könnt ihr besonders sicher fahren?
Was kann in eurer Stadt fürs Radfahren verbessert werden?
Sprecht darüber in der Gruppe. Beachtet eure Gesprächsregeln.

Seite **112**

Das Morse-Alphabet

Botschaften könnt ihr auch mit Licht morsen. Bringt Taschenlampen mit.

Seite **128**

Werbespott

Wofür willst du werben? Schreibe einen Werbespot.

wie noch nie **Preisknüller**

Hochgenuss *frühlingsblumenfrisch*

Zeige deinen Werbespot im „Fernsehen“.

Seite **26**

Der wunderbare Baum /

Seite **132-135**

Sag mir, wie ist Afrika? / Spiele aus Afrika / Mandela und Nelson

Lest die Texte, die etwas über den afrikanischen Kontinent erzählen.
Besitzt ihr Gegenstände aus Afrika?
Oder kennt ihr Nahrungsmittel aus Afrika?
Sammelt weitere Informationen über ein afrikanisches Land.
Ihr findet sie in Zeitungen, Zeitschriften und im Internet.
Baut eine Ausstellung auf.

Zu Texten malen und musizieren

Seite 18 Herr von Ribbeck auf Ribbeck im Havelland

Gestaltet zu viert eine Bildergeschichte.
Jedes Kind zeichnet ein Bild zu einer Strophe.

Seite 32 2 ½ Jungs retten ihren Baum

Lies den Text von Zeile 59 bis Zeile 71.
Male, was Tom sieht, als er zum Baum zurückrennt.

Seite 39 Gehst du tags die Straße lang

Male Tiere oder Menschen, die einen verkehrten Schatten haben.
Tipp: Male Hut, Ohren, Haare, Hörner, Schwanz …

Seite 46 Gelb schmeckt nach Senf

Wonach riechen oder schmecken die Farben für dich?
Was hörst du oder fühlst du bei bestimmten Farben?
Gestalte ein Bild. Du kannst es malen oder eine Collage herstellen.

Seite 54 Die Herbergssuche

Erfindet mit Orff-Instrumenten eine Musik zu dem Spielstück:

- Maria und Josef stapfen durch die Nacht.
- Die Wirte schlagen die Türen zu.
- Im Stall raschelt das Stroh.
- Esel und Ochse scharren mit den Hufen.

Spielt eure Musik an den passenden Stellen. Am Ende könnt ihr ein Weihnachtslied singen und es mit Orff-Instrumenten begleiten.

Seite 56 Weihnachtszeit in Mexiko

Eine Prozession ist ein Zug von Menschen.
Wie sieht die Prozession bei der Posada aus?
Lies Zeile 5 bis 11. Zeichne die Prozession.

Zu Texten malen und musizieren

Seite 102

Ronja Räubertochter – der Frühlingsschrei

Zu dieser Geschichte könnt ihr eine Musik erfinden.
Spielt zuerst den Winter und dann den Übergang in den Frühling.

1. Sucht euch passende Instrumente aus. Wie müssen sie für den Winter oder den Frühling klingen?
   dunkel – hell, tief – hoch, hölzern – metallisch, leise – laut

2. Wie müsst ihr spielen?
   fröhlich, laut, ernst, HEITER, SCHNELL, ...

3. Sucht euch für die tiefen Instrumente oder Trommeln einen passenden Rhythmus.
   ● • • • ● • • • ● • • •   oder   • • • • • ● • • • • • ● • • • • • ●

Seite 149

Das Johannisfeuer

Male auf ein dunkles Blatt ein Bild zu diesem Gedicht.
Suche Farben aus, die schön leuchten. Du kannst
zum Beispiel Ölkreiden benutzen.

Seite 150

Die Mittagsfrau

Diese Sage könnt ihr mit Musik unterlegen:

Sommer – Sonne – heiß – die Mittagsfrau schreitet – Schlag zwölf – Rätsel lösen – böser Feldgeist – langsamer, gedehnter Singsang – Hanka redet – die Glocke schlägt eins – gewaltiger Donnerschlag.

Überlegt euch zu diesen Stichwörtern Geräusche oder Klänge von Instrumenten. Das vorlesende Kind muss Pausen für die Klänge und Geräusche lassen.

Bücher lesen: Bibliotheksbesuch

Seite 164

Kinderbücher

In Bibliotheken oder Büchereien kannst du diese Medien ausleihen: Bücher und Zeitschriften, Hörbücher und Musik-CDs, Filme auf DVD, Computerspiele und Gesellschaftsspiele.

Für die Ausleihe brauchst du einen Ausweis. Achte gut auf deinen Ausweis, damit niemand anderes auf deinen Namen ausleihen kann.

Alle Medien haben eine bestimmte Ausleihfrist. Bücher kannst du meistens 4 Wochen ausleihen, andere Medien oft nur 2 Wochen. Wer etwas Ausgeliehenes zu spät zurückgibt, muss eine Gebühr bezahlen.

Jede Bibliothek und jede Bücherei hat eine Benutzerordnung. Lass dir die Benutzerordnung erklären.

In den meisten Bibliotheken und Büchereien gibt es Computer: Hier kannst du in einem Katalog überprüfen, ob die Bücherei ein bestimmtes Buch hat und ob es ausgeliehen ist.
Jedes Buch hat eine eigene Signatur, die kennzeichnet, wo es steht. Lass dir von der Bibliothekarin oder dem Bibliothekar zeigen, wie die Suche funktioniert.

Ein Buch vorstellen

Seite 164

Kinderbücher

Die Leserolle

Gestalte zu einem Buch, das du selbst auswählst, eine Leserolle.

Dazu brauchst du eine leere Papprolle (von Chips oder von Tennisbällen).

Schreibe oder male außen auf die Rolle:

Autor oder Autorin, Titel, Verlag und deinen Namen.

Gestalte deine Rolle passend zum Buch:

Du kannst sie bemalen oder bekleben.

Das alles kann in deine Leserolle hinein:

- Cluster zu deinem Buch

- Beschreibung der Figuren (zum Beispiel als Steckbrief)
- deine Lieblingsstelle, zu der du etwas gemalt oder gestaltet hast
- ein anderes Ende, das du geschrieben hast
- eine Bewertung, wie dir das Buch gefallen hat
- Informationen, die du über den Autor oder die Autorin gefunden hast
- Du kannst aufschreiben, welche Figur aus dem Buch du gerne sein willst und warum.
- …

Klebe alle Blätter aneinander und rolle sie auf.

Präsentiere deine Leserolle in der Klasse.

Ihr könnt eine Ausstellung mit allen Leserollen machen.

Eine Autorin oder einen Autor vorstellen

Seite 164

Kinderbücher

Suche dir eine Autorin oder einen Autor aus
und stelle sie oder ihn deiner Klasse vor.

1. Suche Informationen und Bilder zu deiner Autorin oder deinem Autor:

   Lies den Klappentext, hier stehen manchmal Informationen zum Autor.
   Frage in der Stadtbücherei oder in einer Buchhandlung.
   Schlage in einem Lexikon nach, zu manchen Autorinnen und Autoren gibt es dort Einträge.
   Gib den Namen der Autorin oder des Autors in eine Suchmaschine im Internet ein.

2. Ordne die Informationen und schreibe die wichtigsten Stichwörter auf.
   Name? Geburtsort? Familie? Besonderheiten?

   Zum Beispiel
   Cornelia Funke: geboren am 10. Dezember 1958 in Dorsten in Westfalen, eine Schwester und zwei Brüder, wollte als Kind Astronautin werden, war zuerst Kinderbuchillustratorin von Beruf …

3. Welche Bücher hat deine Autorin / dein Autor geschrieben?
   Welche Bücher gefallen dir davon am besten?
   Informiere dich, ob sie in eurer Bibliothek ausgeliehen werden können.

4. Stelle deine Autorin oder deinen Autor vor:
   Bringe die Bücher mit und zeige Fotos von ihr oder von ihm.
   Nutze deine Stichwörter für deinen Vortrag.
   Übe deinen Vortrag, bevor du ihn hältst.

Mit Gedichten umgehen: Gedichte vortragen

Gedichte auswendig lernen

Suche ein Gedicht aus dem Lesebuch, das dir besonders gut gefällt.
Lerne es gemeinsam mit einem anderen Kind auswendig.
Wie lernt ihr am liebsten? Wie geht es am schnellsten?

Zeile 1: gegenseitig abhören, zusammen sprechen, rhythmisch sprechen
Zeile 1 und 2, dann Zeile 1 und 2 und 3: immer weiter genau so üben

Sprecht euch die Gedichte auf verschiedene Art und Weise vor:
laut und leise, l a n g s a m und schnell, *sanft* oder wütend.
Entscheidet, wie das Gedicht am besten klingt.
Macht beim Vortrag am Ende der Zeilen Pausen.
Probiert aus, wie kurz oder wie lang die Pause sein sollte.

Wenn ihr die Gedichte einem Publikum vortragt,
müsst ihr besonders deutlich sprechen.

Tipp: In der Bücherei könnt ihr schöne Gedichtsammlungen finden.

Seite 31

„Noch"

Achte auf die schräg gedruckten Wörter:
Nur wenn du sie besonders betonst,
versteht ein Zuhörer die Bedeutung des Gedichtes.

Seite 52

Winterrätsel

Die zwei Strophen des Gedichtes beschreiben unterschiedliche Momente.
Trage die Strophen so vor, dass man den Unterschied hört.
Was musst du schnell oder langsam, laut oder leise sprechen?

Seite 77

Telefon

Sprich das Gedicht bis zur letzten Zeile schnell und aufgeregt.
Wie hört sich die Enttäuschung zum Schluss an?

Mit Gedichten umgehen: Gedichte vortragen

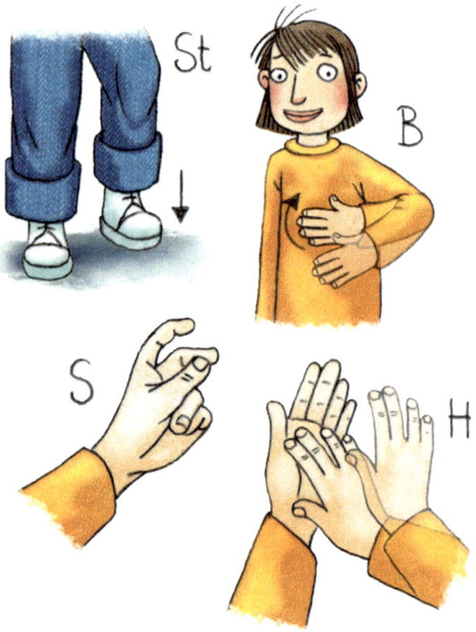

Seite **23** **Novemberwetter**

Seite **76/77** **Die Verliebten / Jule Popp**

Seite **138** **Wenn ich eine Wolke wäre**

Seite **153** **Ein kurzer, sommerlicher Flip Flop Song**

Diese Gedichte könnt ihr rappen.
Ihr könnt sie mit Instrumenten oder
mit Körperinstrumenten begleiten.

Probiert verschiedene Rhythmen aus.
Manchmal passt es auch gut, sich beim Sprechen abzuwechseln.
Manche Zeilen oder Strophen können von einem Kind alleine gesprochen werden, andere Teile sprechen alle Kinder zusammen.

Einfache Rhythmen auf Körperinstrumenten:

1	2	3	4
B	H H	B	HH
St	H H	St	HH
B S	H B	B S	H

B = Schlag auf die Brust
H = Klatschen
S = Schnipsen
St = Stampfen

Lasst am Beginn und zwischen einzelnen Strophen
den Rhythmus auch alleine klingen.
Beim Sprechen muss der Rhythmus leise sein.
Ihr müsst sehr deutlich sprechen, damit eure Zuhörer
den Text verstehen können.

Seite **129** **Cool Boy**

Tragt das Gedicht zu viert vor. Entscheidet,
wer welche Stellen spricht.
Welche Stellen sprecht ihr im Chor?

Mit Gedichten umgehen: Gedichte schreiben

Seite 38

Haikus

Seite 53 104 152

Haikus sind kurze Gedichte, die aus Japan stammen.
Sie reimen sich nicht.
Haikus bestehen aus nur drei Zeilen.
Die erste Zeile hat 5 Silben,
die zweite Zeile hat 7 Silben
und die dritte Zeile hat wieder 5 Silben.

Im kal-ten Herbst-wind
kom-men Flie-gen durchs Fens-ter
Scho-ko-la-den-duft

Wer ein Haiku dichtet, beobachtet die Natur ganz genau.
Die ersten beiden Zeilen beschreiben, was du siehst.
In der letzten Zeile passiert etwas Überraschendes!

Schreibe ein Haiku.

Seite 44

Fledermaus, Eule, Maulwurf

Suche dir ein Tier aus und schreibe ein vierzeiliges Gedicht.
Überlege: Wie sieht dein Tier aus?
Wie verhält sich dein Tier?
Welche Eigenschaften hat es?
Sammle Wörter und passende Reimwörter.

Seite 76

Ich habe dich so lieb

Was würdest du ohne Bedenken verschenken?
Schreibe weitere Strophen.

Texte aufführen

Diese Texte könnt ihr mit verteilten Rollen lesen.
Ihr könnt sie auch als Theaterstück aufführen.

Eine Spielvorlage schreiben

Ihr könnt auch aus einem Erzähltext ein Spielstück machen. Sucht einen geeigneten Text aus:
Mehrere Figuren können mitspielen.
Die Geschichte ist nicht zu lang.
Die Figuren können einfache Texte sprechen.
Die Figuren können Situationen nachspielen.
Der Ort, an dem die Handlung spielt,
kann als Bühne dargestellt werden.

Texte aufführen

Seite 40

Zarah

Führt die Geschichte mit Schattenfiguren und Schauspielerinnen auf.
Die Monster werden mit dem Overhead-Projektor an die Wand projiziert.
Die Freundinnen spielen vor der Projektionsfläche.

Das braucht Ihr:

Overhead-Projektor
OHP-Folie und farbige Folienstifte
Tonkarton, farbiges Transparentpapier
Klebestift und Klebeband
Holzstäbe

Monster und Kulissen

Sucht im Text nach Angaben zu den Monstern und den Kulissen.

1. Malt den Wald mit Folienstiften auf die Folien.
2. Bastelt die Monster aus Tonpapier und Transparentpapier.
3. Klebt die Holzstäbe auf die Monsterfiguren.
4. Probiert auf dem Overhead-Projektor unterschiedliche Bewegungen aus.

Freundinnen

Sucht im Text nach Hinweisen zu den Freundinnen. Überlegt:

1. Wie ist die Stimmung in der Szene?
   (gruselig? laut? leise? angespannt? lustig? traurig? ängstlich?)
2. Wie verhalten sich die Freundinnen?
3. Wie sprechen die Freundinnen? Probiert verschiedene Stimmlagen aus.
4. Wie stehen sie oder wie bewegen sie sich?

Tipp: Ihr könnt die Aufführung auch in Gruppen vorbereiten.
Gruppe Schauspielerinnen (Freundinnen), Gruppe Erzähler,
Gruppe Monster, Gruppe Kulisse und Requisite,
Gruppe Geräusche und Musik

Das hilft dir, Texte besser zu lesen und zu verstehen

Alle Lese-Tipps auf einen Blick

- Vermute, worum es in dem Text geht.
- Was weißt du schon über das Thema? Was möchtest du wissen? Was erwartest du?
- Verschaffe dir einen Überblick über den Text. Lies zwei Sätze vom Anfang, aus der Mitte und vom Ende des Textes.
- Wenn du etwas nicht verstanden hast, lies den Abschnitt oder den ganzen Text noch einmal.
- Kläre die unbekannten Wörter.
- Teile den Text in Abschnitte ein.
  Überlege dir für jeden Abschnitt eine Überschrift.
- Finde die wichtigen Wörter in jedem Abschnitt.
- Stelle W-Fragen an den Text.
- Gestalte ein Schaubild zum Text.
- Erkläre jemandem, worum es in dem Text geht.
  Nutze dazu deine Überschriften zu den Abschnitten, deine wichtigen Wörter und dein Schaubild.
- Überprüfe: Welche deiner Vermutungen passen zum Text? Hat der Text deine Erwartungen erfüllt?

Versuche, diese Tipps bei **allen** Texten anzuwenden.
Überprüfe dann: Welche Tipps konntest du anwenden?
Welche Tipps haben dir besonders geholfen?

AH, S. 20–21

Das hilft dir, Texte besser zu lesen und zu verstehen

Das dreihörnige Gesicht der Kreidezeit

Vor etwa 240 Millionen Jahren begann das Erdmittelalter, das man in drei Zeitabschnitte einteilt: Trias, Jura und Kreide. In der Trias sah die Welt noch ganz anders aus als heute: Es gab nur einen einzigen zusammenhängenden Kontinent namens Pangäa. Auf Pangäa war es heiß und trocken. In dieser Zeit gab es die ersten Dinosaurier. Im Jura spaltete sich Pangäa auf und die Erdteile schoben sich auseinander. Dadurch wurde es auf der Erde feuchter und große pflanzenreiche Wälder entstanden. Während der Kreidezeit lebten vermutlich die meisten Dinosaurier. Es war die Zeit der Hornsaurier, deren vielleicht bekanntester Vertreter der Triceratops ist, das „dreihörnige Gesicht". Der Triceratops hatte ein Skelett, das dem des Nashorns ähnelt, er war aber mit 9 m Länge viel größer und konnte an die 5 Tonnen auf die Waage bringen. Mit seinem beeindruckenden Nackenschild und den drei Hörnern sah er sehr gefährlich aus. Sein papageienähnlicher Schnabel zeigt aber, dass er ein reiner Pflanzenfresser war. Seine Waffen dienten ihm möglicherweise zur Verteidigung gegen seine Feinde, den riesigen Tyrannosaurus Rex und den kleineren Deinonychus, oder im Kampf gegen Nebenbuhler. Am Ende der Kreidezeit, vor etwa 65 Millionen Jahren, starben die Dinosaurier aus. Bis heute gibt es zwar verschiedene Überlegungen, man weiß aber nicht genau, warum.

Das hilft dir, Texte besser zu lesen und zu verstehen

- Vermute, worum es in dem Text geht.

Bild betrachten

Das dreihörnige Gesicht der Kreidezeit

Überschrift lesen

- Was weißt du schon über das Thema?
  Was möchtest du wissen? Was erwartest du?

Das weiß ich schon	Das möchte ich erfahren Das erwarte ich
Dinosaurier sind vor langer Zeit ausgestorben. Es gab Pflanzenfresser und Fleischfresser. Manche Dinosaurier konnten fliegen.	Um welchen Dinosaurier geht es? Wieso dreihörniges Gesicht? Wann hat er gelebt? Was hat er gefressen?

- Verschaffe dir einen Überblick über den Text. Lies zwei Sätze vom Anfang, aus der Mitte und vom Ende des Textes. Lies danach den ganzen Text.

- Wenn du etwas nicht verstanden hast, lies den Abschnitt oder den ganzen Text noch einmal.

AH, S. 4–7

Das hilft dir, Texte besser zu lesen und zu verstehen

- Kläre die unbekannten Wörter.

Im Text nach Erklärungen suchen

In der Trias sah die Welt noch ganz anders aus als heute: Es gab nur einen einzigen zusammenhängenden Kontinent namens Pangäa. Auf Pangäa war es heiß und trocken.

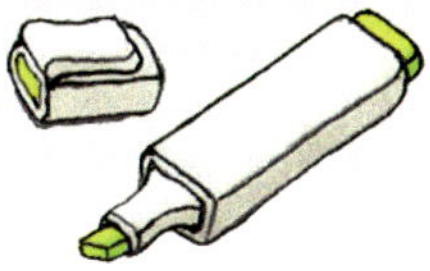

Im Lexikon nachschlagen

Jemanden fragen

- Teile den Text in Abschnitte ein.
  Überlege dir für jeden Abschnitt eine Überschrift.
- Finde die wichtigen Wörter in jedem Abschnitt
- Stelle W-Fragen an den Text.

W-Fragen stellen

Wann begann das Erdmittelalter?
Was heißt Dinosaurier übersetzt?
Welche Feinde hatte ein Triceratops?
Wie …

Das hilft dir, Texte besser zu lesen und zu verstehen

Die Pangäa

Überschriften finden

Vor etwa 240 Millionen Jahren begann das Erdmittelalter, das man in drei Zeitabschnitte einteilt: Trias, Jura und Kreide.
In der Trias sah die Welt noch ganz anders aus als heute: Es gab nur einen einzigen zusammenhängenden Kontinent namens Pangäa. Auf Pangäa war es heiß und trocken.
In dieser Zeit gab es die ersten Dinosaurier.

Wichtige Wörter finden

Zeit der Hornsaurier

Abschnitte finden

Im Jura spaltete sich Pangäa auf und die Erdteile schoben sich auseinander. Dadurch wurde es auf der Erde feuchter und große pflanzenreiche Wälder entstanden.
Während der Kreidezeit lebten vermutlich die meisten Dinosaurier.
Es war die Zeit der Hornsaurier, deren vielleicht bekanntester Vertreter der Triceratops ist, das „dreihörnige Gesicht".

Der Triceratops

Der Triceratops hatte ein Skelett, das dem des Nashorns ähnelt, er war aber mit 9 m Länge viel größer und konnte an die 5 Tonnen auf die Waage bringen. Mit seinem beeindruckenden Nackenschild und den drei Hörnern sah er sehr gefährlich aus. Sein papageienähnlicher Schnabel zeigt aber, dass er ein reiner Pflanzenfresser war.
Seine Waffen dienten ihm möglicherweise zur Verteidigung gegen seine Feinde, den riesigen Tyrannosaurus Rex und den kleineren Deinonychus, oder im Kampf gegen Nebenbuhler.

Ausgestorben

Am Ende der Kreidezeit, vor etwa 65 Millionen Jahren, starben die Dinosaurier aus. Bis heute gibt es zwar verschiedene Überlegungen, man weiß aber nicht genau, warum.

AH, S. 10–11

Das hilft dir, Texte besser zu lesen und zu verstehen

- Gestalte ein Schaubild zum Text.

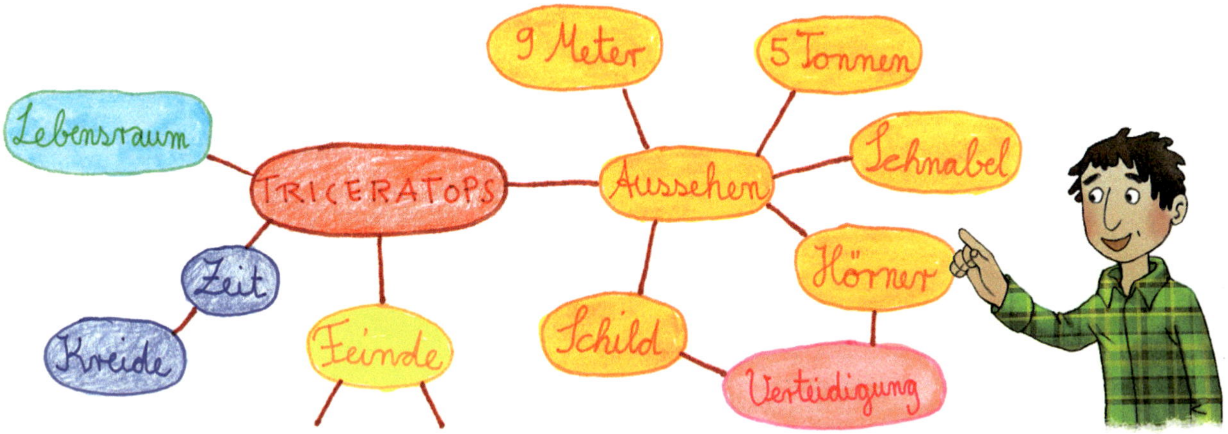

- Erkläre jemandem, worum es in dem Text geht.
  Nutze dazu deine Überschriften zu den Abschnitten,
  deine wichtigen Wörter und dein Schaubild.

- Überprüfe: Welche deiner Vermutungen passen zum Text?
  Hat der Text deine Erwartungen erfüllt?

Das möchte ich erfahren
Das erwarte ich

Um welchen Dinosaurier geht es?
Wieso dreihörniges Gesicht?
Wann hat er gelebt?
Was hat er gefressen?

Nicht bei jedem Text helfen alle Lese-Tipps gleich gut.
Bei einigen Texten kannst du alle Lese-Tipps gut gebrauchen,
bei anderen Texten helfen dir schon ein paar Lese-Tipps.
Probiere es aus!

Das hilft dir, verschiedene Textarten zu erkennen

Sagen sind oft schon sehr alt, früher wurden sie mündlich weitererzählt.
Daran kannst du Sagen erkennen:

- Meistens wird der Ort genannt.
- Sagen beziehen sich häufig auf etwas, das es in der Wirklichkeit gibt.
- Sagen erklären oft, woher ein Name kommt oder wieso etwas in der Natur vorkommt, wie zum Beispiel ein Felsen, der eine besondere Form hat.
- In Sagen passieren merkwürdige und magische Dinge. Es kommen auch Drachen, Zwerge oder der Teufel vor.
- Manchmal werden die Taten eines Helden erzählt. Das ist eine Heldensage.

Der Teufel und die Zwieblinger

Im Mittelalter machte der Teufel einen Abstecher nach Esslingen.
Am Marktplatz war der Wochenmarkt im vollen Gange.
Der Teufel bekam Lust auf einen der knackigen Äpfel.
Er trat zu einer einheimischen Marktfrau und bat um einen solchen.
Der aufmerksamen Marktfrau stieg ein leichter Duft von Schwefel in die Nase. Außerdem blitzte aus dem eleganten Hosenbein ein Pferdefuß hervor. Da gab sie dem Teufel statt des gewünschten Apfels eine saftige Zwiebel. Gierig biss der Teufel hinein.
Voll Abscheu rief er aus: „Das sollen Äpfel sein?
Zwiebeln sind es, scharfe Zwiebeln, deshalb sollt ihr fortan nicht mehr Esslinger heißen, sondern Zwiebel …“
Auf der Stelle verließ er die Stadt und wurde nie mehr gesehen.
Seither heißen die Einwohner von Esslingen auch Zwieblinger.

Im Lesebuch gibt es noch andere Sagen.
Welche Sagen gibt es aus deiner Umgebung?

AH, S. 22–23

Das hilft dir, verschiedene Textarten zu erkennen

Fabeln sind kurze Erzählungen, in denen Tiere sprechen können.
Daran erkennst du Fabeln:

- Die Tiere verhalten sich wie Menschen.
- Die Tiere in einer Fabel sind oft Gegenspieler.
- Meistens geht es in Fabeln um typisch menschliche Eigenschaften wie Neid, übertriebener Ehrgeiz, Faulheit oder Boshaftigkeit.
- In der Fabel ist der Fuchs oft schlau, der Rabe ist eitel, der Wolf ist grimmig, das Schaf ist dumm, der Löwe ist stark, die Maus ist mutig.
- Fabeln enthalten immer eine Lehre für richtiges Verhalten. Diese Lehre nennt man Moral.

Rabe und Fuchs

Ein Rabe hatte einen Käse gestohlen. Krächzend wollte er ihn hoch oben auf einem Baum verzehren. Ein vorbeikommender Fuchs hörte den Raben und hätte den Käse gern selbst gehabt.
Eilig begann er den Raben zu loben:
„O Rabe, was bist du für ein wunderbarer Vogel!
Dich sollte man zum König aller Vögel krönen,
so schön hört dein Gesang sich an."
Dem Raben taten diese Schmeicheleien so wohl, dass er seinen Schnabel weit aufsperrte, um noch lauter zu singen.
Da entfiel ihm der Käse.
Der Fuchs nahm den Käse behänd, fraß ihn und lachte über den törichten Raben.

Ihr könnt die Fabel auch spielen. Dann merkt ihr schnell, welche Moral sich dahinter verbirgt.

Das hilft dir, verschiedene Textarten zu erkennen

Gedichte haben ein besonderes Schriftbild.
Sie sind oft in Absätze unterteilt. Diese Absätze heißen Strophen.
Die einzelnen Zeilen der Gedichte heißen Verse.

- Es gibt ungereimte und gereimte Gedichte.
  Gereimte Gedichte können ein unterschiedliches Reimschema haben.
- In manchen Gedichten ändert sich das Reimschema.
- Viele Gedichte musst du mehrmals lesen, damit du sie verstehst.

Pflaumenbaum

Im Hofe steht ein Pflaumenbaum,
Der ist klein, man glaubt es kaum.
Er hat ein Gitter drum,
So tritt ihn keiner um.

Der Kleine kann nicht größer wer'n.
Ja größer wer'n, das möchte er gern.
'sʼ keine Red davon.
Er hat zu wenig Sonn.

Den Pflaumenbaum glaubt man ihm kaum,
Weil er nie eine Pflaume hat.
Doch er ist ein Pflaumenbaum,
Man kennt es an dem Blatt.

Bertolt Brecht

Diese Strophe hat einen Paarreim.
Je zwei aufeinander folgende Verse reimen sich:

a baum b drum
a kaum b um

Das Reimschema ist also a a b b.

Manche Gedichte haben einen Kreuzreim. Hier stehen die Reimwörter „über Kreuz“. Es reimen sich der erste und der dritte, der zweite und der vierte Vers.
Reimschema: a b a b.

Suche im Kapitel Winter nach Gedichten.
Wie viele sind gereimt? Wie viele sind ungereimt?

AH, S. 26–27

Das hilft dir, verschiedene Textarten zu erkennen

Prospekte

- Prospekte werben für etwas Bestimmtes.
- Prospekte enthalten viele Angaben und oft Fotos, Bilder, Tabellen und Listen.
- Schriftarten, Schriftgrößen und verschiedene Farben spielen eine große Rolle.

Tauche ab im **Robbenhaus**.
Lass den Alltag hinter dir!

Auch jede Robbe wäre gern im **Robbenhaus**:

- Die schnellste Wasserrutsche: Super-Robbi 28 Meter lang!
- insgesamt 10 Rutschen in verschiedener Größe
- Tobebecken mit Wasserburg
- Strömungskanal für besonders schnelle Robben
- Lehrschwimmbecken für kleine Heuler

Freibad geöffnet von Mai bis September:
drei zusätzliche Becken, vier 50-m-Bahnen, Familienrutsche und die supergroße Liegewiese ...

Im **Robbenhaus-Restaurant** gibt's nicht nur Fisch!

Öffnungszeiten:	Mo. bis Fr.	10 Uhr bis 22 Uhr
	Sa.	10 Uhr bis 24 Uhr
	So. und Feiertag	9 Uhr bis 20 Uhr

Gruppenermäßigung

Das **Robbenhaus** organisiert Geburtstagsfeiern für Robbenkinder!

Formuliert richtige und falsche Aussagen zum Prospekt.
Gestaltet selbst einen Prospekt.

Am Dienstag kann man um 9 Uhr im Tobebecken toben.

Falsch!

Inhaltsverzeichnis

		Seite	TW	KV
Ich liebe Bücher				
Der geheimnisvolle Ritter Namenlos	Cornelia Funke / Kerstin Meyer	154/155	175	88
Der wunderbarste Beruf der Welt	Cornelia Funke	156/157		89 (Test)
Ein Film in meinem Kopf	Kerstin Meyer	158/159		90
Herr der Diebe	Cornelia Funke	160/161		91
Und wenn sie nicht gestorben sind …	Martin Auer	162		92
Hägar		163		
Kinderbücher		164/165	180, 181, 182	
Textwerkstatt				
Lesen üben und Texte besser verstehen		166–173		
Zu Texten erzählen und schreiben		174–175		
Mit Texten umgehen		176–177		
Zu Texten malen und musizieren		178–179		
Bücher lesen: Bibliotheksbesuch		180		
Ein Buch vorstellen		181		
Eine Autorin oder einen Autor vorstellen		182		
Mit Gedichten umgehen: Gedichte vortragen		183–184		
Mit Gedichten umgehen: Gedichte schreiben		185		
Texte aufführen		186–187		
Lesestrategien				
Das hilft dir, Texte besser zu lesen und zu verstehen		188–193		
Das hilft dir, verschiedene Textarten zu erkennen		194–197		

Stichwortverzeichnis

◎ hierzu gibt es einen Beitrag auf der Hör-CD zum Lesebuch

Quellenverzeichnis

95 **Äsop:** Der aufgeblasene Frosch, aus: Sybil Gräfin Schönfeldt: Das große Fabelbuch für Kinder. Anette Betz Verlag: Wien, München 1997

Die kleinen und die großen Fische, aus Rudolf Hagelstange: Fabeln des Aesop. Ravensburger Buchverlag: Ravensburg 1989

80 **Alves, Katja:** Beste Freundin, dringend gesucht (bearb.) und Cover. Beltz: Weinheim und Basel 2010

58 **Andersen, Hans Christian:** Das Mädchen mit den Schwefelhölzern (bearb.), aus: Die Märchen. Insel 1975

128 **Anger-Schmidt, Gerda** und Renate Habinger: Muss man Miezen siezen? Residenz Verlag: Salzburg 2006

31 **Auer, Martin:** „Noch", aus: Hans-Joachim Gelberg (Hg.): Großer Ozean. Beltz & Gelberg: Weinheim und Basel 2000

162 Und wenn sie nicht gestorben sind ... (gek.) aus: Hans-Joachim Gelberg (Hg.): Was für ein Glück. Beltz & Gelberg: Weinheim und Basel 1993

119 Was niemand wissen kann (gek.). Beltz: Weinheim und Basel 1986

105 **Ausländer, Rose:** Frühling, aus: Mutterland, Einverständnis. Gedichte. Fischer: Frankfurt a. M. 1982

114 **Banscherus, Jürgen:** Kwiatkowski, Privatdetektiv (bearb.) und Cover, aus: Zwei Fälle für Kwiatkowsi. Dicke Luft und falsche Fährten. Arena: Würzburg 2010

192 **Brecht, Bertolt:** Pflaumenbaum, aus: Werner Hecht (Hg.): Werke. Gedichte 2. Berlin und Frankfurt a. M.: Suhrkamp 1988

150 **Britz, Annemarie:** Die Mittagsfrau. Herausgegeben von der Stadt- und Kreisbiliothek Hoyerswerder

56 **Budde, Pit** und Josephine Kronfli: Weihnachtszeit in Mexiko (bearb.), aus: Santa, Sinter, Joulupukki. Weihnachten hier und anderswo. Ökotopia: Münster 2002

61 **Busch, Wilhelm:** Zu Neujahr, aus: Die Gedichte. Haffmanns Verlag: Zürich 2000

118 **Charms, Daniil:** Ein rätselhafter Vorfall, aus: Seltsame Seiten. Übersetzung vom Alexander Nitzberg und Andreas Tretner, Illustration von Vitali Konstantinov. Bloomsbury, Berlin Verlag: Berlin 2009

46 **Cottin, Menena:** Gelb schmeckt nach Senf (Originaltitel: Das schwarze Buch der Farben), aus dem Spanischen von Helga Preugschat. Fischer Schatzinsel: Frankfurt am Main 2008

55 **Cratzius, Barbara:** Die Herbergssuche, aus: Theaterstücke zur Weihnachtszeit. Otto Maier: Ravensburg 1990

112 Das Morse-Alphabet. Copyright © LABBÉ GmbH, D-50126 Bergheim

149 **Dauthendey, Max:** Johannisfeuer, aus: Gesammelte Werke, Band 4: Lyrik und kleinere Verdichtungen. München 1925

88 **Davies, Nicola** (Text) und Neal Layton (Bilder): Eisfroschzapfen (Originaltitel: Frosch-Lollies) und Cover, aus: affenheiß und schweinekalt. Die Überlebenstricks der Tiere. Übersetzung aus dem Englischen von Monika Lange. © 2007 Bibliographisches Institut / Sauerländer, Mannheim

40 **Drvenkar, Zoran:** Zarah (bearb.). Berlin Verlag / Bloomsbury: Berlin 2007

36 **Erlbruch, Wolf:** Nachts (gek.) Text und Illustrationen und Cover. Peter Hammer: Wuppertal 2000

153 **Fatchen, Max:** A short, summery thin thong song / Ein kurzer sommerlicher Flip Flop Song (gek.), aus: And the Roo Jumped over the Moon. Australian Stories and Poems for Children. Compiled by Robin Morrow. Illustrated by Stephen Michael King. © Scholastic Australia Pty Ltd, Lindfield NSW, 1996 – © Text: Max Fatchen. Aus dem Australischen von Sybil Gräfin Schönfeldt.

70 **Follett, Ken:** Hopp, Hopp, Hypersprung (gek.), und Cover aus: Die Kinder des Universums, Übersetzung von Axel Merz. Baumhaus: Verlag in der Bastei Lübbe GmbH & Co. KG Köln, © 2011 Bastei Lübbe GmbH & Co. KG Köln

18 **Fontane, Theodor:** Herr von Ribbeck auf Ribbeck im Havelland, aus: Der kinderleichte Fontane. Ausgewählt von Gotthard Erler. Illustrationen von Sabine Wilharm und Cover. © Aufbau Verlag GmbH & Co. KG Berlin 2009

21 **Frank, Karlhans:** Drittes Rätsel, aus: Im Eigelb steckt der Igel. Boje: Köln 2008

104 Erstes Rätsel, aus: ebd.

53 Viertes Rätsel, aus: ebd.

146 Zweites Rätsel, aus: ebd.

144 **Fromental, Jean-Luc:** Oups! Illustrationen von Joëlle Jolivet, aus dem Französischen von Leonie Jakobson und Cover (gek.). Carlsen: Hamburg 2010

74 **Fröhlich, Roswitha:** Dort, wo die Welt aufhört, aus: Hans-Joachim Gelberg (Hg.): Die Erde ist mein Haus. Beltz Verlag: Weinheim und Basel 1988

154 **Funke, Cornelia:** Der geheimnisvolle Ritter Namenlos (gek.), Illustrationen von Kerstin Meyer und Cover. © Fischer Taschenbuch Verlag GmbH

160 Herr der Diebe (gek.) Text und Illustration Cornelia Funke. Cecilie Dressler: Hamburg 2000

151 **Gellert, Christian Füchtegott:** Die Lerche im Kornfeld (bearb.), aus: Käthe Recheis (Hg.): Das große Fabelbuch. Ueberreuther: Wien 1965

39 **Gernhardt, Robert:** Gehst du tags die Straße lang, aus: Mit dir sind wir vier. © Robert Gernhardt 1976, S. Fischer Verlag: Frankfurt a. M.

78 **Geisler, Dagmar:** Ich kapier das nicht (gek.) und Cover aus: Bleibt locker, Leute! Chaos-Comics von Luis. dtv junior: München 2010

12 **Greschik, Stefan:** Wie merkt sich unser Gehirn Dinge?, Wie wir uns Dinge lange merken (bearb.), aus: GEOlino Nr. 6, Juni 2003 © GEO 2003, Verlag Gruner + Jahr, Hamburg

68 Der Flug zum Mars (gek.), und Cover aus: GEOlino extra Nr. 25 © GEO 2010, Verlag Gruner + Jahr, Hamburg

95 **Grindley, Sally:** Nach dem großen Sturm (gek.) Übersetzung von Inge M. Artl. Carlsen: Hamburg 1995

52 **Güll, Friedrich Wilhelm:** Winterrätsel, aus: Friedrich Güll und Franz Pocci: Kinderheimat in Liedern und Bildern. Insel: Frankfurt a. M. 1975

58 **Guggenmos, Josef:** Neujahrsnacht, aus: Oh, Verzeihung sagte die Ameise. Beltz Verlag: Weinheim 1993

44 Der Maulwurf / Die Fledermaus / Die Eule, aus: Groß ist die Welt. Die schönsten Gedichte. Beltz & Gelberg: Weinheim und Basel 2006

14 **Hacks, Peter:** Geschichte von der Denkmaschine (gek.), aus: Geschichten von Henriette und Onkel Titus. Das Windloch – Das Turmverlies. © Eulenspiegel Verlag: Berlin 2008

7 **Herold, Gottfried:** Briefwechsel, aus: Hans-Joachim Gelberg (Hg.): Großer Ozean. Beltz & Gelberg: Weinheim und Basel 2000

149 **Hesse, Hermann:** Blauer Schmetterling, aus: Gesammelte Werke, Bd. 1. Suhrkamp: Frankfurt am Main 1987

134 **Hille, Astrid** und Dina Schäfer: Spiele aus Afrika (bearb.), aus: Fremde Länder, gute Freunde. Velber Verlag: Freiburg 2004

24 **Hohler, Franz:** Die sprechende Kastanie, aus: Der große Zwerg. dtv, Reihe Hanser: München 2003

146 **Holzwarth, Werner:** Kleeorg und Kleeopatra (bearb.), aus: Kleeorg und Kleeopatra. Eine Geschichte vom Glück. Bajazzo: Zürich 2011

32 **Hoßfeld, Dagmar:** 2 1/2 Jungs retten ihren Baum (bearb.). Überreuter: Wien 2010

62 **Jung, Chang-hoon** / Ho Jang: Unser Mond. Ein Himmelskörper auf Reisen (gek.), aus dem Koreanischen von Hans-Jürgen Zaborowski, Illustrationen Ho Jang und Cover. Deutsche Ausgabe © Gerstenberg: Hildesheim 2010

138 **Kaléko, Mascha:** Wenn ich eine Wolke wäre, aus: Die paar leuchtenden Jahre. Deutscher Taschenbuch Verlag: München 2003

58 **Kästner, Erich:** Es tickt die Zeit. Strophe aus dem Gedicht „Der dreizehnte Monat“, aus: Die 13 Monate. Atrium: Zürich 1955

4 Herrn Bremser geht ein Licht auf (Ausschnitt), aus: Pünktchen und Anton und Cover. © Artrium Verlag: Zürich

131 Weltreise durchs Zimmer (gek.), aus: Das Schwein beim Friseur und andere Geschichten. Dressler: Hamburg 1962

67 **Kienle, Daniela:** Weltraumteleskope, aus: GEOlino extra Nr. 25 © GEO 2010, Verlag Gruner + Jahr, Hamburg

26 **Kilaka, John:** Der wunderbare Baum (gek.) Text und Bilder, aus dem Englischen von Barbara Brennwald und Cover. © Nord Süd Verlag AG, CH-8005 Zürich: Zürich 2009

140 **Kindermissionswerk** „Die Sternsinger“ Aachen: Leben vom Müll. Text und Fotos. Kindermissionswerk Aachen © 1999

129 **Krausnick, Michail:** Werbespott, aus: Hans-Joachim Gelberg (Hg.): Großer Ozean. Beltz & Gelberg: Weinheim und Basel 2000

22 **Krüss, James:** Novemberwetter, aus: Ilse Walter (Hrsg.), Maria Blazejovsky (Illus.): Das Jahreszeiten-Reimebuch. Herder: Freiburg, Basel, Wien 1992

69 **Kulot, Daniela:** Marsmädchen sind ganz anders (bearb.). Text und Bilder. © 2010 by Planet Girl Verlag: Thienemann: Stuttgart/Wien 2010

30 **Legende aus Borneo:** Der Wald gehört Pulang Gana, aus: Pit Budde und Josephine Kronfli: Regenwald & Dschungelwelt. Ökotopia, Münster 2006

74 **Lestrade, Agnès de:** Die große Wörterfabrik (bearb.), Illustrationen von Valeria Docampo und Cover. Übersetzung aus dem Französischen von Anna Taube. mixtvision Verlag: München 2010

152 **Lich, Barbara** und Jan Pust: Erdbeer-Smoothie (Originalüberschrift: Schmackhafter Shake), aus: GEOlino Nr. 7, Juli 2010 © GEO 2010, Verlag Gruner + Jahr, Hamburg

102 **Lindgren, Astrid:** Ronja Räubertochter (gek.), Illustrationen von Ilon Wikland und Cover. Übersetzung aus dem Schwedischen von Anna-Liese Kornitzky. Oetinger: Hamburg 1982

126 **Lobe, Mira:** Der verdrehte Schmetterling, aus: Das Sprachbastelbuch. Jugend und Volk: Wien, München 1975

83 **Maar, Paul:** Der Esel, aus: Das fliegende Kamel. Oetinger: Hamburg 2010

52 Die Kälte, aus: ebd.

38 Mitten in der Nacht, aus: Hans-Joachim Gelberg (Hg.): Großer Ozean. Beltz & Gelberg: Weinheim und Basel 2000

76 **Maiwald, Peter:** Die Verliebten, aus: Amelie Fried (Hg.): Ich liebe dich wie Apfelmus. cbj: München 2006 © Peter Maiwald

77 **Jule Popp**, aus: Hans-Joachim Gelberg (Hg.): Oder die Entdeckung der Welt. Beltz & Gelberg: Weinheim und Basel 1997

105 **Maurer, Georg:** Großstadtfrühling (gek.), aus: Dreistrophenkalender. Mitteldeutscher Verlag: Halle 1965

108 **Meyer-Kahrweg, Dorothee:** Welches Rad passt zu dir? (bearb.), aus: Mein Fahrradbuch. Falken Verlag: Niederhausen im Taunus 1996

105 **Mörike, Eduard:** Er ist's, aus: Gesammelte Werke. Hanser: München 1958

129 **Nöstlinger, Christine:** Cool Boy, aus: Christine Nöstlinger und Jutta Bauer: Ein und Alles. Beltz & Gelberg: Weinheim und Basel 1992

110 **Obrist, Jürg:** Spy Eye verschwindet (bearb.) Text und Illustrationen und Cover, aus: Pepper greift ein. Minikrimis zum Mitraten und Englischlernen. dtv: München 2007

94 **Oftring, Bärbel:** Erlebnisse an Strand und Küste; Checkliste für Strandforscher (bearb.) aus: Auf Entdeckungstour an Strand und Küste. Nature Scout. Moses Verlag: Krefeld 2008

68 o.V.: Der Flug zum Mars, aus: Geolino extra Nr. 25, Hamburg 2010, S. 25

181 Die Leserolle nach einer Idee vom Landesinstitut für Schule und Medien Berlin 2003. http://bildungsserver.berlin-brandenburg.de/leserolle.html

100 Ein Tag in der Seehundstation

142 Enal aus Indonesien. Ein Hai als Haustier (gek.), aus: GEOlino Nr. 3, März 2011 © GEO 2011, Verlag Gruner + Jahr, Hamburg

Schergaziew aus Kirgistan. Schwein gehabt! (gek.), aus: : GEOlino Nr. 10, Oktober 2010 © GEO 2010, Verlag Gruner + Jahr, Hamburg

64 Interview mit Sigmund Jähn. Ausschnitt aus der Radiosendung: Lilipuz. Sterntaler beim Mann im Mond – Das Weltall. Moderation: Martina Müller-Wallraf, WRD 5.6.1992

66 Raketen, Satelliten, Raumfahrt ins All (bearb.), aus: Grundschulinformationen Raumfahrt. Deutsches Zentrum für Luft und Raumfahrt e. V., Juni 2003

143 Sivtoi aus Kambodscha. Knoten in den Beinen (gek.), aus: GEOlino Nr. 5, Mai 2010 © GEO 2010, Verlag Gruner + Jahr, Hamburg

Kamesuse aus Haiti. Jedem Gott ein eigenes Bild (gek.), aus: GEOlino Nr. 9, September 2010 © GEO 2010, Verlag Gruner + Jahr, Hamburg

84 **Parr, Maria:** Tonje findet drei neue Freunde (gek.) und Cover, aus: Sommersprossen auf den Knien. Übersetzung aus dem Norwegischen von Christel Hildebrandt. Dressler: Hamburg 2010

45 **Poschadel, Jens** und Antje Möller: Supersinne (bearb.), aus: Geschöpfe der Dunkelheit. Esslinger: Esslingen 2010

90 **Pressler, Mirjam** und Yaakov Shabtai: Der kleine Kröterich (Originaltitel: Die wundersame Reise des kleinen Kröterichs; bearb.). Carl Hanser: München und Wien 1998

76 **Ringelnatz, Joachim:** Ich habe dich so lieb (gek.), aus: Sämtliche Gedichte. Diogenes: Zürich 1997

8 **Robinson, Barbara:** Vorsicht, die Herdmanns (Originaltitel: Vorsicht, die Herdmanns schon wieder), (bearb.) und Cover. Übersetzung aus dem Amerikanischen von Kristina Kreuzer. Oetinger Verlag: Hamburg 2010

106 **Sage aus Berlin:** Die drei Eierdiebe (bearb.), aus: Klaus Kordon: Der Ritter im Sack. Alte Märchen, Sagen und Schwänke neu gesponnen. Erika Klopp Verlag: Berlin 1987

31 **Sailer, Florian:** Klimaanlage Regenwald (Originaltitel: Unsere Erde: Serienmäßig mit Katalysator und Klimaanlage), (bearb.) aus: Willi und die Wunder dieser Welt (gek.). Kosmos, Stuttgart: 2009

139 **Salzen, Claudia von:** Der Weltkindertag (Originaltitel: Ihr habt Rechte!), aus: Der Tagesspiegel vom 14.09.2002. Der Tagesspiegel Verlag: Berlin

123 **Schlüter, Andreas:** Das Spiel beginnt (bearb.) und Cover, aus: Level 4 – Die Stadt der Kinder. dtv, München 2004

21 **Schubiger, Jürg:** Herbstgedicht, aus: Hans-Joachim Gelberg (Hg.): Großer Ozean. Beltz & Gelberg: Weinheim und Basel 2000

50 und **Franz Hohler:** Wo die Kälte herkommt, aus: Jürg Schubiger, Franz Hohler: Aller Anfang. Illustrationen von Jutta Bauer und Cover. Beltz & Gelberg, Weinheim Basel 2006

135 **Schulz, Hermann:** Mandela und Nelson (bearb.) und Cover, aus: Mandela & Nelson. Das Länderspiel. Carlsen: Hamburg 2010

132 **Sellier, Marie:** Sag mir, wie ist Afrika? Illustrationen von Marion Lesage und Cover. Peter Hammer: Wuppertal 2002

120 **Smith, Lane:** Das ist ein Buch! (gek.) Text und Illustrationen und Cover, aus dem Amerikanischen von Michael Krüger, © 2010 Lane Smith, alle Rechte der deutschen Ausgabe © Sanssouci im Carl Hanser Verlag: München 2010

61 **Solotareff, Grégoire:** Der Tag der wahren Entscheidungen – 2. Januar, aus: Wintergeschichten. Deutsch von Leonhard Werner. Gerstenberg: Hildesheim 2002

148 **Stamer, Barbara:** Wie der Zaunkönig das himmlische Feuer holte (gek.), aus: Märchen vom Feuer. Fischer Tb: Frankfurt Main 1996

113 **Stemm, Antje von:** Fingerabdruckpulver (bearb.), aus: Extrembasteln mit Krims Kramuri. Gerstenberg: Hildesheim 2006

31 **Strelau, Marion:** Jeden Tag verschwindet ein Stück Regenwald, aus: Das will ich wissen. Im Dschungel: Arena: Würzburg 2005

48 **Walbrecker, Dirk:** Warum die Schildbürger das Licht einfingen (Originaltitel: Warum die Schildbürger anfingen, das Licht einzufangen), (bearb.), aus: Die Schildbürger. Bibliothek der Kinderklassiker. Betz: Wien, München 1991

28 **Wolf, Gita** und Sirish Rao: Das Geheimnis der Bäume, aus dem Englischen von Eveline Masilamani-Meyer, Illustrationen von Bhajju Shyam, Durga Bai, Ram Singh Urveti, © 2008 Baobab Books, Basel/Schweiz

22 **Wölfel, Ursula:** Die Geschichte vom Hamster, aus: Achtundzwanzig Lachgeschichten. Hoch-Verlag, Stuttgart, Wien 1969

185 **Zartl, Elisabeth:** Im kalten Herbstwind, aus: Blütenwunder. Haiku-Poesie für Kinder. Don Bosco: München 2009

152 Nach dem Mittagsschlaf, aus: ebd.

104 Schneefall im Frühling, aus: ebd.

77 **Zechner, Heinz J.:** Telefon. aus: Hans-Joachim Gelberg (Hg): Großer Ozean. Beltz & Gelberg: Weinheim und Basel 2000

Originalbeiträge

57 **Glatz, Tanja:** Piñata basteln

53 **Hado:** Augen aus Kohlen

38 Ein Ast knackt leise

122 **Hantschel, Manuela:** Computer-Glossar

130 Heute gehen wir die Wände hoch

35 **Hattendorf, Erna:** Baumschädlinge

23 Esskastanien rösten

81 Wie soll eine gute Freundin, ein guter Freund sein?

47 **Pruy, Michael:** Im Dunkeln bin ich der Experte

189 **Wörner, Martin:** Das dreihörnige Gesicht der Kreidezeit

Fotos und Bilder

4 Isabel Kreitz: Erich Kästner. Pünktchen und Anton, aus: Cecilie Dressler Verlag. Hamburg 2009

35 li.: Henrik Larsson/Shutterstock; Mitte: picture alliance/WILDLIFE/D.Harms; re.: picture alliance/WILDLIFE/D.Harms

47 Christina Pedrazzini / getty images

57 Tanja Glatz, Reken

64 NASA images.org

65 li.: ullsteinbild, Berlin/ADN; re.: ullstein-Reuter

66 o.: United States Information Service, Embassy of the United States of America; Mitte: NASA/RPIF/DLR; u.: picture-alliance/NASA

67 o.: NASA/RPIF/DLR; Mitte: NASA; u.: ESA 2003 (Hurricane)

68 Cover CD Das Universum, Verlag Yulo Mp3s, u.: NASA

103 Denise Grünstein und Joakim Strömholm © AB Svensk Filmindustri 1984 und Cover aus: Tage Danielsson: Ronja Räubertochter. Das Buch zum Film. Oetinger: Hamburg 1985

108 Roland Gärtner, St. Veit Schule Flein

109 Minkus images, Hannover

126, 127 © 2011 Jonathan Mahood, Dist. by King Features, Inc. www.bleekercomics.com

130 Tadej Zupancic/iStockphoto.com

139 picture-alliance/dpa

142 o.: James Morgan; u.: Danny Lawson

143 o.: Patrice Halley; u.: Benjamin Schilling

156 picture-alliance, Perrey

159 privat

163 Hägar © King Features Syndicate, 1973. World rights reserved

171 dpa/Wulf Pfeiffer

189 Michael Rosskothen/Fotolia.com

197 Rob Friedman/iStockphoto.com

Auflösungen

zu Seite 111

- round glasses
- tiny nose
- moustache

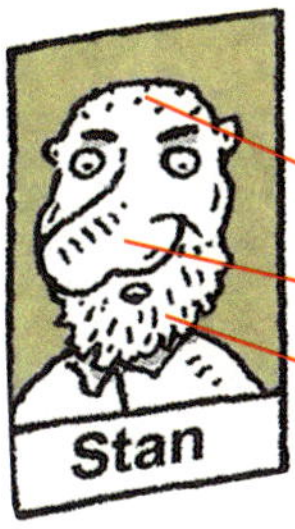

- no hair
- very big nose
- beard

- long black hair
- sunglasses
- earrings

- wild hair
- long pointy nose
- a tooth missing

zu Seite 112

J ·−−− E · R ·−· R ·−· Y −·−−

S ··· T − A ·− N −·

S ··· U ··− E ·

CH −−−− U ··− C −·−· K −·−

zu Seite 116

Der Dieb wohnt in dem Zimmer, in dem die Zeitungen liegen.

zu Seite 118

Das Bild von Karl Iwanowitsch Schusterling hängt verkehrt herum.

Jo-Jo

Lesebuch 4

Erarbeitet von Katja Eder, Silke Fokken, Tanja Glatz, Manuela Hantschel, Erna Hattendorf, Martin Wörner

Unter Einbeziehung der Ausgabe von Erna Dransfeld, Friedrich Dransfeld, Annett Marchand, Horst Schaub, Gudrun Schulz, Martin Wörner

Unter Beratung von Katharina Böer (Hannover), Gabriele Janyska (Gütersloh), Barbara Jansen (Viersen), Karin Leutert (Singen), Annett Marchand (Ingersheim), Catrin Puschmann (Visselhövede), Daniele Wagener (Melle), Nicole Wolters (Mönchengladbach)

Redaktion Birgit Waberski, Susanne Dahlbüdding
Bildredaktion Janin Hacker
Illustrationen Sabine Wiemers
Umschlagillustration Sylvia Graupner
Gesamtgestaltung und technische Umsetzung Heike Börner

www.cornelsen.de

1. Auflage, 6. Druck 2016

Alle Drucke dieser Auflage sind inhaltlich unverändert
und können im Unterricht nebeneinander verwendet werden.

Druck: Mohn Media Mohndruck, Gütersloh

ISBN 978-3-06-082625-4

PEFC
PEFC/04-31-1033

PEFC zertifiziert
Dieses Produkt stammt aus nachhaltig bewirtschafteten Wäldern und kontrollierten Quellen.

www.pefc.de